ORIGINAL POINT PSYCHOLOGY  

李子勋经典书系·亲子家教

家庭陪伴

李子勋◎著

华龄出版社
HUALING PRESS

图书在版编目（CIP）数据

家庭陪伴 / 李子勋著 . -- 北京：华龄出版社，
2023.3

ISBN 978-7-5169-2487-7

Ⅰ . ①家… Ⅱ . ①李… Ⅲ . ①家庭教育 Ⅳ . ① G78

中国国家版本馆 CIP 数据核字（2023）第 045447 号

策划编辑 颉腾文化
责任编辑 鲁秀敏 **责任印制** 李未圻

书　名	家庭陪伴		
作　者	李子勋		
出　版 发　行	华龄出版社 HUALING PRESS		
社　址	北京市东城区安定门外大街甲 57 号	**邮　编**	100011
发　行	（010）58122255	**传　真**	（010）84049572
承　印	文畅阁印刷有限公司		
版　次	2023 年 5 月第 1 版	**印　次**	2023 年 5 月第 1 次印刷
规　格	880mm × 1230mm	**开　本**	1/32
印　张	9	**字　数**	178 千字
书　号	978-7-5169-2487-7		
定　价	69.00 元		

本书赞誉

（排名不分先后）

子勋是国内现当代心理咨询与治疗最早的践行者与推动者之一。更难能可贵的是，他不仅术业有专攻，对系统式和后现代家庭治疗有独到的见解和实践经历，且培养了一批早期的家庭治疗师。同时他在普及心理健康知识，尤其是亲子关系和亲子教育等领域也卓有建树，这套书就是见证。

——中国心理卫生协会家庭治疗学组原组长　陈向一

李子勋医生是“中德班”一期最有影响力的家庭治疗学组学员。他对系统思维的热爱和悟性，使他在家庭治疗中国化的进程中勇立潮头、勤于实践，并通过重要媒体让家庭治疗家喻户晓。作为同道中人，我为他这套遗著中的才情骄傲！

——德中心理治疗研究院名誉主席、中国心理卫生协会副理事长　赵旭东

广泛阅读、深入思考、创意实践、执着笔耕是李子勋从业多年的突出特点。在跟子勋一起学习、阅读、咨询、教学和切磋的过程中，我为他严谨的学习态度、广阔的思考维度、灵动的实践手法和宏大的书写叙事方式所折服。他对中国心理学服务社会和

民众的进程起到了推动作用，也对我个人的发展起到了榜样的引领作用、朋友的支持作用。相信他的遗著会继续对心理学行业的发展、从业者的成长产生深远影响。

——中国社会心理学会婚姻与家庭心理学专业委员会副主任委员、德中心理治疗研究院副主席　刘丹

子勋是个奇人，也是一个凡人。他既有长者的睿智，也有孩子的童真。在他身上，清纯与深刻融合，传统与现代汇通。子勋是医生出身，投身心理学，涉猎哲学、教育学、社会学等诸多领域。他以家庭治疗发端，潜心实践于心理治疗技术，后又在后现代领域深耕。读他的书，像与他对谈，温和的话语犹在耳边，清朗的形象跃然纸上；读他的书，就是自我觉察和自我成长的过程。愿读者读子勋的书，做更好的自己、做更好的父母。

——首都医科大学临床心理学系学术委员会主任、教授、博士生导师　杨凤池

子勋的书饱含智慧，平和而睿智温情又直指人心。他是中国心理学界的思想者、心理健康科普的先行者，更是临床实践的探索者。本书系是他留给我们的宝贵财富，可在个人成长、亲密关系、职场、育儿等方面，为我们答疑解惑。

——中国心理学会婚姻家庭心理与咨询专业委员会副主任委员、同济大学附属东方医院临床心理科主任医师　孟馥

这是一位温暖的心理咨询师写出的智慧话语，是我直到今天所看到的最合乎道家思想的心理咨询。没有强求与说教，只有尊重和关怀。子勋虽人已离世，但他的著作还在继续助益着更多的人。希望读者不要错过这套好书。

——中国社工联合会心理健康工作委员会意象对话学部主任、中国社会心理学会生态与环境心理学专业委员会副主任委员　朱建军

读子勋的书，不免让人想起子勋其人，我的脑中不期而然地跳出这些词汇：哲人、文人、心理学人、生活中的人。他就像是他自己常说的“混沌体”，浑然天成，在世间呈现出独特的“自组织”状态，为无数心灵带来清新和扰动。

——中国社会心理学会婚姻与家庭心理学专业委员会主任委员、北京大学临床心理中心常务副主任　唐登华

很幸运，我们这个时代曾拥有过李子勋老师这样一位对寂寞人心总是能送来慈悲慰藉的心理大师。李老师于我，是亦师亦友的前辈，是我心理咨询师生涯之路的领路人，也是无数人心灵泥淖中的灯塔，他曾点亮过我们，也期冀借由这套书，我们能从中汲取力量与智慧，去点亮更多的人。

——家庭治疗学派知名心理专家　青音

李子勋老师把心理学理论变成人们可以感受到的心态和情绪，既有专业的力量，也有人性的呵护，从而更好地提供心理帮

助。李子勋老师的经典书系就像他本人一样温和地滋养你的心田，让你不知不觉就发生了变化。我喜欢这样的方式，它让我积极地看见自己。

——中央电视台《心理访谈》节目主持人　阿果

推荐总序一

妙不可言

在多难与兴邦之间，无数人才凋零。幸运的是，许多领域在历经浩劫之后仍有种子一般的少数卓越人物幸存，使得该领域在外环境好转之后，得以迅速复原和发展。

在中国心理咨询及相关领域，李子勋就是这样一个人物。

公众熟知李子勋，先是因为中央电视台的节目《心理访谈》。在这个节目里，他将漫长而艰难的心理干预过程凝缩在很短的时间里，展示了非凡的勇气和功力。节目持续数年不间断地播出，至少产生了三个效果：一是让很多人知道，自己如果有了心理上的问题是“求助有门”的；二是不少专业人员通过看这个节目学习心理咨询技术，这虽然不是正规的学习途径，但在那个专业培训机会稀少的年代，总比不学习要好；三是把许多年轻人带入了心理咨询这个行业，扩大了专业队伍。

后来，大家在《心理月刊》杂志上更多地知道了李子勋，这次是通过他的文字。每一期《心理月刊》的封面上都有他的专栏“问问李子勋”的内容标题。翻开杂志的第一页，就是他以回答问题的形式写就的文章，每一篇都十分精彩。中国心理卫生协会精神分析专业委员会主任委员仇剑崟博士读后评论说，李子勋是一位真正的“思想者”（thinker）。作为系统式家庭治疗学派中的一员，李子勋能够得到另外一个学派领军人物如此高的赞美，业内人士都知道这相当不易。

我认识子勋是在1997年的中德心理治疗师连续培训项目中。他在系统式家庭治疗学组，我在精神分析组，虽然不常打交道，但仍然能感觉到他在集体中如明星般的存在。这个培训结束之后，我们有过数次或长或短的交流，每一次都令我印象深刻。

2007年的一天，我在深圳的一个露天餐馆里和朋友聚会，得知子勋当晚要和一位著名作家做访谈。该作家以反叛著称，异常聪明，对人性有深刻洞见，所以我有点担心访谈出现什么不利于咨询师的后果。我发短信问子勋：你对访谈有什么思路吗？过了一会他回复说：没有思路，只是看看他需要我帮什么忙。我看着这句话沉默了好久，心想：这实在是太高明的姿态和太稳妥的思路了，以这样的状态做访谈，将永远处于不败之地。这样想了之后，我又立即在心里把自己鄙视了一下：做个访谈首先考虑的竟然是胜败得失，比子勋差远了。

还有一次在杭州，一群专业人员闲谈。有人问子勋做《心理访谈》节目的感觉如何。他回答说：刚开始的时候有些艰难，遭到一些同行的攻击，但自从奇峰为我们说了一些话之后，压力就小多了。我的确在很多场合中说过，对他们的节目只有四个字的评论——功德无量，但我的支持产生的效果显然被他善意地夸大了。

和子勋打交道，我对他身上展现的阿尼玛特质既嫉妒又防御。嫉妒是因为他竟然可以如此坦然地接纳自己的这一部分，而我一直试图压抑它；防御是因为我害怕自己身上被压抑的阿尼玛特质被子勋唤起，使我要为人格的震荡付出太大的代价。

在本书系里有这样一段话："理解流动的感觉与凝固的字词间存在的不同，理解生活的复杂与分类学的简单之间的不确定性，理解知觉中的现实与认知选择与重建中的现实之间的差异，心理学才算入门了。"说得异常精妙。而且，如此旗帜鲜明地画下专业上的及格线，相当于直接攻击了许多同行，阳刚之气跃然纸上，令人有高山仰止之感。

"妙"字也许代表了让心理治疗产生效果的所有重要因素。它似可言说，又似不可言说。妙最早的写法是"玅"；左边的"玄"是指从显性世界认知隐性世界的临界面，相当于精神分析中所谓的意识和潜意识的边界；右边的"少"的上下两部分都有突破临界面之意。心理治疗的目标就是要使意识向潜意识突破，以扩大意识的范围。主体间性精神分析理论认为，医患心灵的相遇就是疗效产生的机制，对这一时刻的描述，千言万语不如一个"妙"字。也许，以后督导师在督导时必问的一句话是：能不能说说，你和你的来访者之间发生过哪些妙事？

子勋的文章，除了妙语频出，还经常会有一些新的词汇，让人有春风扑面、神清气爽的感觉。比较而言，包括我自己在内的一些同行，学问做得稍有些僵化、腐朽之气。写到这里，我非常希望有一个能够跨越阴阳两界的网络工具，发信息告诉子勋很多人在想念他。

我猜他不会回复。因为他该说的已经在这套书里说了，或者他已经到了“此心光明、亦复何言”的境界，又或者他在那年离开我们的时候，就知道自己在某种意义上已经不朽。

曾奇峰

2023 年 3 月 21 日于武汉东湖

吸收养分，为自己而活

李子勋老师离开我们快五年了。我还会常常想起他和煦的微笑。想到他在创造力最丰饶的年纪与世长辞，作为后学者感到深深痛惜。借着给这套作品写序的机会，我得以重新感受到他的生命力，这让我获得了一点安慰。

十多年前，李子勋老师是中国大众心目中最负盛名的心理学家，恐怕没有之一。这得益于《心理访谈》节目的热播。这档电视节目第一次把心理咨询普及到了千家万户，让很多人领略到它的价值：春风化雨般的对话，四两拨千斤地承接情绪，犀利而不失尊重的探问，睿智的比喻，给出意料之外的回答。在那个年代，因为李子勋老师出色的工作，大众对心理学有了初步的信任。

除了咨询工作以外，李子勋老师也笔耕不辍，用文字的形式抚慰当代人的内心。他写的文章就像他做咨询一样，没有专家的架子，用老百姓喜闻乐见的语言，设身处地理解对方的烦恼，给出恰到好处的回应。

现在看李子勋老师的作品，我仍然觉得他的理念是超前的。哪怕是看似随手写就的小品文，那些感触和机锋都包含了前沿的身心健康理念。李子勋老师受过严格的系统式家庭治疗训练，对复杂系统的敬畏、自组织过程的洞察及后现代哲学的灵活运用都深入骨髓。他的很多文章对专业工作者来说都有学习的价值，相信普通读者亦能感受到其中蕴含的朴素的智慧和哲理。能够把系统式家庭治疗的观念用如此“雅俗共赏”的方式讲出来，这是多年临床功力的体现。

在李子勋老师的文章中，体现了这样几个突出的理念：

第一个是通过后现代的解构，消解了传统心理学诊断对“心理疾病”权威、僵化的定义，转而致力于拓展个体的生命经验。他在文章中把生病说成是一种生命状态，把疾病看作另一种形态的健康。他说，如果把疾病和健康对立起来，身体一有风吹草动我们就会害怕；而如果相信疾病是健康的一种状态，我们甚至会乐于保留一些小病，来获得更有效率的生活。你听，这语言多么洒脱——乐于保留一些小病。像李子勋老师这样科班出身的医生，能拥有如此灵活的健康观，是难以想象的思想探险。在他的笔下，生命充满了各种各样的色彩，没有任何一种体验是碰不得的禁忌：双相情感障碍叫作“双向情绪色彩”，是两种生命体验的周期性更迭；强迫症来自“很强的无中生有的创造力”，有症状者“善于抓住一闪而过的念头”，是内心的哲学家；抑郁是一位替我们表达深层愤怒的朋友，它有破坏性，同时也在保护我们的利益，我们要学会接受它的保护。

第二个常用的理念叫作自组织。这个名词来自复杂科学，是指用系统视角看待宇宙万物，大到星辰运行，小到细胞分裂，系统无时无刻不处于自发的变化中，又以变化的形式维持着某种“稳定”。系统的变与不变都遵循它自身的智慧，而不以人的意志为转移。理解了这一点，我们就知道，在生命体验中，有很多事情不需要刻意为之。李子勋老师对心理治疗和家庭教养都抱有这种无为而无不为的理念。他认为，人的成长就是与宇宙万物调谐的过程。患者也好，儿童也罢，需要的不是被某一套特定的规则“驯化”，而是找到一种更具有适应力的、顺应自然规律的生活状态。就像很多疾病不用刻意吃药，只要吃好睡好，心情愉悦，一段时间之后就会痊愈。身体会以自组织的方式照顾自己。伤口在愈合，小孩会长大，原有的矛盾会被消化，新的问题又在不断产生。人可以融入世间万物的变化中。这种智慧常常比自以为是的“人为干预”更为高明。

作为心理学家，李子勋老师不只从个体视角理解心理，还关注历史、社会和文化建构。这种“大系统观”的理念也相当超前。他认为，人们的很多问题只是被“外界”定义成了问题，心理学家的任务与其说是“解决”这些问题，不如说是帮助每一个人接纳自身的生命体验，再让他看到它如何与外界框架发生冲突，探索一种让自己感觉舒适、安全，有助于发挥自身潜能的文化建构。他在身体力行地通过写作为当代人提供更丰富的文化选择。在《安全感源于我们选定的文化》一文中，他写过一段话，用以描述人们获得自我和谐的文化观念之后的体验：“什么人都敢爱，什么事都愿意做，什么地方都想去走走，品尝着生命自由的感觉。”我觉得，这段话正是李子勋老师真实生命状态的写照。

在21世纪最初的十几年里，心理学在国内还是一种舶来品。随着我们在经济和文化上与世界不断接轨，中国人开始对这门用西式的科学框架阐释内心经验的学科怀有普遍的好奇。好奇带来了敬畏，敬畏又催生了误解。“心理咨询师”成了人生导师。很多人不再信任内在的体验，更愿意把诊断分析式的名词套用在自己和他人身上，从而限制了体验的广度，甚至带来了麻烦。有些心理疾病恰恰是被过于教条的理论“创造”出来的。值得庆幸的是，时代最终选择了李子勋老师这样的实践家。他用游戏人间的语言，给专业工作者和大众松绑，鼓励他们回归自身的体验，活出自在的样子。

本书系中的每篇文章都是极好的例子，显现出如何将一门学问纳入更饱满的生命状态，而不是画地为牢、为其所限。文章信手拈来各种奇闻轶事、诗歌、戏剧，就像天上的云，桥下的水，尽可为我所用。

读完这些文章不禁感慨，我忍不住把今天和十几年前相比。今天的社会变得更成熟，也更高效，新技术和知识层出不穷。就心态而言却好像比十几年前更紧张了一些。今天专业划分越来越细密，心理学也有了一种更森严的气象。诊断式的语言正在普及，人们提及创伤、原生家庭、抑郁症，常常会谈虎色变。很多人在提到婚姻和家庭时，首先感到的是恐惧。伴侣之间该如何相爱、如何沟通、遇到矛盾该怎样对话，都需要模板和框架。年轻的父母比十几年前更渴望获得科学的育儿指导，生怕孩子从起跑线上就落后于人。整体而言，今天的人似乎更不愿意相信自己的本能：不需要那么多知识，就能自然而然地把生活过好。

这种时候，重温李子勋老师的文章，还是可以获得很多慰藉。斯人已逝，但他留下来的声音仍在提醒我们：不要迷信任何人，对一切经验保持开放和自由；接纳生命的不确定性；欣赏你自己，欣赏每一个个体的独特性。很幸运，在心理学刚进入中国的年代，这一代人曾受到李子勋老师的关照，带着一份自信且自如的心态迎接这门学科，从中吸收的每一点养分都用来为自己而活。

谢谢李子勋老师。

李松蔚

2023 年 3 月

唤醒孩子生命的智慧与力量

李子勋老师的四本家庭教育著作再版，我有幸被邀请为之写推荐序。

收到编辑邀约的时候，我是惶恐的。学习心理学初期，李子勋老师参与的《心理访谈》节目的视频常常在课堂上被当作咨询的教学案例解读。那时候的我像小迷妹一样把李子勋老师当作偶像来崇拜，常常为他对来访者的提问所折服，每每有醍醐灌顶的感觉。在我眼里，李子勋老师是男神一样的存在，我觉得自己的修为根本配不上为自己如此景仰的前辈的著作写推荐序。

真正决定要写这篇推荐序是我细细阅读收到的新书稿的时候。

这些年，我将萨提亚模式引入对个人和家庭的治疗，效果很好。我知道萨提亚模式和李子勋老师研究的后现代心理学有很多共通之处。这一次读李子勋老师的书，强烈的共鸣和感动令我几度热泪盈眶，深感我有责任把这么好的书籍推荐给更多的家长和教育工作者。李子勋老师的教育思想是深入浅出的，读者从书中可以学习育儿方法，也可以领略老师关于人和生命的哲学思想。

自然教育，这是李子勋老师教育思想中非常重要的一部分。我想先来说一说这个部分。

李子勋老师的自然教育一方面谈的是孩子的自然属性，就是把孩子当作自然不可分割的一部分，“如是”地看待孩子。就像植物一样，每个植物都有其独特性，甚至同一株植物上的每一朵花都是不同的。李子勋老师告诉我们要尊重孩子的独特性，不主张给孩子贴标签。他认为孤独症、阿斯伯格综合征、躁郁症等都是医学对一个孩子的定义，其实他们只是他们，与其他孩子是不同的，而不是不好的。如果我们可以这样看待孩子，当我们的孩子与其他孩子的表现不同时，就不会焦虑，而是可以尊重孩子的特点，“协助他成为他自己，以完成他生命的使命”。

李子勋老师自然教育的另外一方面谈论的是自然对孩子成长的影响。孩子认知世界首先是从感官体验开始的，他们会把看到、听到、闻到、摸到的东西在自己的头脑里建构成属于自己的概念，这是真正的知识。大自然蕴含的信息非常细腻和丰富，把孩子带到大自然中接受感官的刺激，对发展生命的智慧、灵动与创造力都非常重要。读到李子勋老师《早教的秘密》中这部分内容的时候，我回想起自己小时候在农村长大以及在陪伴女儿成长过程中经常带她到大自然中去的经历，一股暖流从丹田升起，眼泪禁不住涌出眼眶。我知道，在这方面我和李子勋老师产生了深刻的联结。

李子勋老师自然教育还有一个方面是告诉我们在教育中要引导孩子遵循大自然的法则，如相互依存、只取所需、节能等。我们总讲“命运共同体”，李子勋老师倡导的正是在宇宙命运共同体面前，我们的教育所起的作用。这是一个宏大的概念，更是大爱。如果通过教育，我们的下一代可以遵循这些法则，就不仅仅是教育好一个孩子的问题，而是为全人类作出贡献。

在李子勋老师的书里，处处可见他的系统教育观。

上面谈到的李子勋老师的自然教育，其实就是在讲人的成长离不开大自然的系统观念。

在人文层面，孩子的成长又离不开家庭和社会系统的影响，尤其是离不开家庭系统的影响。在李子勋老师的书里，他总会把孩子的问题放在家庭文化和关系的背景下来讨论。很多家长会把关注的焦点放在孩子的行为上，实际上孩子往往会成为家庭问题的“替罪羊”。有的孩子会用自己的偏差行为来拯救父母的婚姻，有的孩子则可能用“抑郁”等症状来对抗来自家庭或学校的压力。

李子勋老师在书里写道:“家庭的许多‘问题’都是互相依存的。这些‘问题’是经过无数次成员间的互动、重复、叠加、强化才得以形成的。在这种循环互动中，问题产生的因果关系已经非常不明显。”因此，表面的问题不是问题，只有透过表象看到内在系统的需要和外在系统的动力影响，才可以更好地应对孩子的问题。

李子勋老师也从时间维度把系统性带入家庭教育的思考中。在不同的时代，经济、文化和科技发展的水平不同，这就意味着人的成长环境会有很大的不同，家长也需要跟随时代的变迁用适合当下环境的方式来养育孩子。

从一个人的生命历程来看，孩子在不同的年龄段会有不同的表现，父母需要根据各个年龄段孩子的不同需要给予适合的陪伴。换句话说，家长需要活在当下。这似乎在李子勋老师的每一本书里都有体现。

李子勋老师提出的未来教育趋向又何尝不是系统教育呢？只是他的时间系统，去到了未来。他在《家庭陪伴》的自序中强调："教育不是家长、老师把自己时代的经验灌输给孩子，而是要保持未知的心态，跟随孩子进入未来的世界。"

家长来自过去，而孩子就在当下。如果家长放下自己既有的经验，对孩子抱有好奇心，这是对生命的敬畏，也是尊重生命的一种表现。

我也特别喜欢李子勋老师的正向教育观。

在李子勋老师的书里，很难看到对家长做法的指摘。读他的书，你会觉得似乎一切都属正常，没有什么问题。在书里一些答疑的案例中，就算家长提出的问题中说孩子出现了一些状况，他也会对其做正向引导，不会让家长内疚和自责。因此，读了李子勋老师的书，家长不会再那么焦虑，而会变得放松和释然。

在《读懂孩子》一书中，李子勋老师在回答一个厌食症孩子家长的提问时这样讲："女儿的问题是她生命发展中的一种状态，她必定要经历并走出这样的困境才能赢得明天的光彩。"

从这样的视角看待问题，你会觉得经历痛苦就好比天气也有风霜雨雪，都会过去，从而对未来充满希望。我想这也正是李子勋老师在世时那么受大家喜爱的重要原因之一吧！

也是在《读懂孩子》中，李子勋老师有一篇文章是《给孩子三个美好的假定》，这三个美好的假定分别是：我们这个世界是美好的、人与人之间是友爱互助的、自己是可爱的。如果在父母的心里有这些假定，并且把它们变成人生信条传递给孩子，这就是在帮助孩子建立积极的信念！一个孩子从小就建立了“我是可爱的”这样的信念，他就会珍视自己，而不会因为他人对自己的评判而贬低自己。我们的孩子需要这样的信念，因为这是来自生命力层面的自我认可，是高自尊的基础。

因为李子勋老师有几十年的临床经验，在他的书里有很多针对具体问题的解决方法，你可以拿来就用。

在李子勋老师的书里，俯拾皆是宝藏，关键是你要用心去捡拾。

读罢李子勋老师的文字，忍不住扼腕。如此智慧的李子勋老师英年早逝，实在太过遗憾。幸好他用文字给我们留下了这些宝贵的精神财富，继续给我们以滋养！

“死而不亡者寿”，李子勋老师，斯人永在。

刘称莲

2023 年 3 月

李子勋 序

教育的对错不重要，有效才重要

心理咨询师通常都是透过玻璃窗来看家庭，因为，这只是看家庭的活动，听不见他们在说什么，不知道他们在干什么，但是能看到妈妈和孩子的位置，爸爸和孩子的位置，妈妈是怎么反应，爸爸是怎么反应。关系不是一朝一夕形成的，而是长期互动的结果。我们有时会埋怨现在这个家庭关系不好、不舒服，以为这种情况是谁的责任，但实际上如果我们把时间拉长就会发现，这里没有因果，你认为是原因的东西，本身可能就是结果，因果是互换的、循环的，而且经过无数次的循环，才形成了现在这个格局。我们着重观察的是关系，而不是观察家庭教育中的对错，家庭关系是一种存在性的关系，没有谁对谁错之分。

我们重视的是一种关系教育，强调孩子在家庭结构中的关系，孩子在这种关系中是一种什么状态，在这种状态中可能发生的问题是什么。我们的目的是减轻人们的焦虑，而不是增加人们的焦虑。让大家看到，问题其实也没有那么严重，只是家庭类型的一种表现，假如觉得现在不好，自己可以换一个样子，家庭也可以随之改变，不会有什么可怕的后果。

如何在日常的养育中，构建和谐的亲子关系，我们一般会遵循三个原则。

一、关系大于教育，良好的亲子关系就是孩子教育的根本

我说的良好的亲子关系不是过度亲密的、过度依恋的纠缠关系，而是一种相对自由、和谐、彼此相互尊重的关系。当你和孩子建立起这样的关系的时候，就会发现，你希望孩子怎么变他就会怎么变。你希望他考上名牌大学，他就会一直努力实现这个目标，因为他把这个目标看成是自己的目标。在我遇到的很多个案中，一些父母有非常正确的教育方法，却有非常糟糕的亲子关系，他们中有些人还是教育家，教育别人头头是道，但是教育自己的孩子却不行。因为他们太重视教育了，忽视了和孩子的良好的亲子关系，总是告诉孩子什么是对的，该怎么做，不该怎么做。这就像一个团队，如果人际关系良好，团队就会充满朝气，有活力，你让他做到十分，他就会做到十二分，你不用告诉他，他会自觉去做。糟糕的亲子关系会导致的结果是，你教育的方式越正确，结果越差。妈妈处处关心孩子、照顾孩子，并不能构成良好的亲子关系，良好的亲子关系是妈妈理解孩子，孩子理解妈妈，妈妈绝不会把自己的意志强加给孩子。如果孩子说他喜欢韩国的歌，要把头发染黄，妈妈不会阻止他，而会说："是吗，这个想法不错，妈妈没有什么意见，但是我不知道你染成黄头发老师会怎么说。"孩子看到妈妈尊重他的意见，他就不染头发了，因为他会想："假如我染了头发，老师会怎么说？"

二、我们要用成长、发展的眼光看孩子

如果一个孩子说谎，父母知道后会非常紧张，一旦认为孩子品行不好，就会充满焦虑，当一个人充满焦虑的时候，思维就狭窄，处理问题的方法就简单甚至糟糕，如骂孩子、惩罚孩子。如果用成长的眼光看孩子，就会鼓励孩子犯错误，当然是要犯他那个年龄应该犯的错误。男孩有攻击性，你不要去打压他，而要去引导他，他把别人家的玻璃打碎了，你不要训斥他，不要说他是坏孩子，而要说聪明的孩子不会犯这样的错误。

当孩子犯错误的时候，家长有两种选择：一种是惩罚他；一种是认为孩子犯错误对他的成长是重要的，孩子需要犯他这个年龄应该犯的错误，包括撒谎、打架、偷别人东西等。一个 8 岁的孩子打动物，没有人认为这是一件严重的事情，但是清华大学的刘海洋用硫酸伤熊就引起了公愤。为什么？每个年龄段的人只能犯这个年龄段应该犯的错误，这是社会容许的错误。一个 5 岁的孩子在王府井大街上撒尿，没有人会指责孩子是小流氓，但是一个 30 岁的人在王府井大街上公然撒尿，派出所就会把他带走。所以我们不要把孩子犯错误看成多严重的事情，甚至我们要鼓励孩子犯每个年龄段可以犯的错误。

犯错误恰恰可以帮助孩子成长，如果父母不让孩子犯错误，孩子就不能从错误中学习，不能成长。如果一个妈妈从小处处关心、事事照顾她的儿子，什么错误也不让他犯，儿子非常听话，邻居都说她有一个听话的好儿子，儿子到青春期后就没有经验来处理他的焦虑，处理他的挫败感，他不敢欺负别人，就会欺负最爱他的人——妈妈。最爱他的人给他安全感，所以他就对妈

妈说粗话，干一些无法无天的事情，因为他知道攻击别人会受到惩罚，攻击妈妈不会。为什么会这样？孩子小时候没有犯错的经验，长大后就会犯一些大错误。因为他小时候没有从犯错中学习到责任和聪明的应对，都是妈妈替他处理好了，现在他大了，妈妈没有能力帮助他处理好社会矛盾了，他就容易把愤怒指向妈妈，把一切不顺都归咎于妈妈。

三、教育方式大于教育内容

教育的正确或错误不重要，有效才重要。很多家长读了许多教育孩子的书，结果是书读得越多越糟糕，和孩子的关系像仇敌似的。家长不能在孩子面前扮演专家角色，因为很多孩子藐视权威，你越权威，孩子越不想听话。社会并不像教育家所认为的那样理性和单纯，很多人写教育孩子的书不是真心地为每个孩子和父母着想，而是宣传一种他喜欢的教育理念、一种观点，为了维护这个观点，他会故意把事情说得很简单明了的样子。如果家长把教育专家的话太当真，可能得不偿失。这里也包含我在本书中谈到的教育理念，也请家长不要太当真，只当成一种可选的方式，而非绝对的答案。

正确和错误不重要，有效（useful ）才重要。这样的观念比较符合现代实用主义的思想，我们要告诉孩子一些实用的东西，不要只告诉孩子正确的东西，很多正确的东西只存在于书本中，在生活中它们就死了，起不到任何作用了。实用的教育才是现实教育，这种教育恰好不妨碍孩子建立适合自己也适合社会的价值体系、伦理与哲学思想、审美态度与世界观。

目录

第一章

家庭陪伴
——父母是孩子成长的模板

说到双亲对孩子的教育，我就想起一个故事叫“临江之麋”，讲一只小鹿从小与几只小狗做伴，在它看来，狗是一种友善的动物。长大以后，主人带它重返森林，回归自然。不久，它遇到几只猎狗，儿时的记忆让它自然地把狗看成朋友，结果惨遭厄运。

自然界普遍存在一种“印刻效应”，即刚睁眼的小鸭会把孵蛋的母鸡当成妈妈，长大的鱼会游回它的出生地产卵。人类在幼年时期，双亲与环境对其身心产生的影响很像这种效应。如果说孩子的心理、个性在出生时是一张白纸，到5岁时可能已被双亲想当然地胡乱涂鸦到无处可再下笔。一位女性告诉我:“儿时非常痛恨妈妈因为烦心之事打我出气，曾经发誓为人母后决不动手打孩子。不想世事难料，我的女儿依旧成了我的替罪羔羊。看到女儿泪眼汪汪且胆战心惊的样子，我真感觉是造化弄人。”记住，你对孩子的教育方式有可能来源于你对儿时经历的反刍。

记得小时候，我的邻居娶了一位20岁的漂亮媳妇，她行为乖巧，深得大伙儿喜欢。但她极其怕猫，怕到望猫即逃的地步。住宅院里，本有两户人家养了猫，一黄一黑。这两只猫习惯了邀欢取宠、游手好闲。看到她躲避猫时风声鹤唳、草木皆兵的慌乱模样，邻居们觉得好笑，常装猫叫来逗她。一晚纳凉，大家围坐一起，天南海北谈兴正浓。突然“喵呜”一声，那只黑猫从天而降，正好掉在她的头上。只听一声惊叫，她随即倒地。肇事者这才明白玩笑开过了头，急忙将她送往医院，守了两天两夜她才从歇斯底里的状态中复原。从此，人们逗她的胆子已不再有，两只骄傲的猫也被主人送往他乡，以免再生事端。同院的人都很好奇，不明白为什么她那么怕猫，后来才知她的妈妈有洁癖，厌恶一切小动物，从小就经常危言耸听地恐吓她。若干年后，她虽不再怕猫，但她的儿子长到 12 岁时连刚出壳的小鸡都不敢碰，那种对小动物的恐惧，与她相比，有过之而无不及。可以想见，她也用她的妈妈曾经用过的恐吓方法教育儿子，对待儿子。恐吓也许是家长教育孩子最经常使用也是最无赖的撒手锏。若使用不当，孩子的心灵深处就会留下难以消除的恐惧体验。

家庭塑造人的力量，远大于人们的想象。家庭教育可能包含一些传统、习俗的东西，也有一些家庭规则。这些规则反映双亲的价值观和人生态度。我有一个朋友，她出生于一个开明的知识分子家庭，崇尚自由、平等与博爱。她的丈夫却夫权意识明显。他们在大学相识、相爱。恋爱时，两人尚能平心相容、克己相待。结婚后，角色变了，儿时耳濡目染的陈规陋习在尘封多年之后，似乎顺理成章地来了个借尸还魂，就像潘多拉盒子里的魔鬼，一个一个争先恐后地跑了出来。家庭优先权之争给这段原本美满的婚姻画上了句号。

“家庭”两个字，在中国人乃至全世界华人的心目中都是至高无上的，这似乎是中华民族几千年来的精神和文化沉积，一种荣格笔下的集体无意识。但家庭也常常在伤害人，可以不夸张地说，一个人的品行问题、心理问题、社会适应问题主要植根于家庭教育，而非社会之责。例如，喜欢把爱作为砝码来使孩子臣服就范，孩子就学不会怎么去爱和被爱；不能变换角色平等地和孩子相处，孩子就无法学到怎么与社会相处；以为批评和大棒就能给孩子一个好品质，但恰恰给予孩子的是精神和肉体都备受折磨的自卑和自贬。溺爱与苛求是教育孩子最可怕的两个极端，但遗憾的是，这两个极端常相伴而行。教育孩子之难，难在父母自己是否人格完整，是否乐于宽容与变通。要把孩子教育好，首先父母自身必须成为一个好的模范，不然，上行下效、承前启后，受苦的永远是下一代。

是谁扼杀了孩子的好奇心和创造力?

儿子太爱听表扬怎么办?

星期日，我带着2岁的儿子去玩滑梯。只有我们两个人的时候，他玩得很好。后来，有一位奶奶从这里经过，他就坐在滑梯的最高处不动了，扭过头去看着她。当老奶奶也注意到他的时候，他立刻“噌——”地一下就滑下来了。于是，老奶奶就表扬他:“这小家伙真棒呀！”他特别高兴，冲着老奶奶嘿嘿地笑。

从孩子刚刚会交流起，孩子每次有什么新的进步，我都有意识地表扬他、鼓励他，希望他能在这种表扬与鼓励中增长本事。可是现在他越来越在意别人的目光，渴望得到别人的关注和表扬。一方面，我担心这么在意别人的表扬会对他的成长不利，觉得是不是因为我对他的表扬太多了才造成今天这种局面；另一方面，他得不到表扬时的那种失望，也让我这个当妈的心里挺不是滋味。

我想大多数情况下是你忘记了自己的存在。很难说孩子在意别人的目光是不是你多次无意识鼓励与强化的结果。也许你曾经起劲地赞许这样的行为，而现在又为这样的行为担心。从另一个角度讲，孩子期待别人的关注，精神指向还是站在旁边的你，当你故意走开的时候，多数的孩子不再对别人感兴趣，这个时候的沮丧实际上是他的行为没有得到妈妈及时肯定的结果。

当然，孩子的内心是非常复杂的，并不像许多儿童学者自认为的那样简单。我们对孩子内心世界的了解非常少，却自以为懂得非常多，原因是我们处在强势的一方，我们经常不自觉地以自己的思维方式来理解孩子，逼迫孩子放弃天赋，努力学习如何与成人相处，学习成人的思维与行为模式。可笑的是，我们把这个过程称为教育。也许孩子凭直觉知道如果不这样或那样，他就不能与妈妈很好地相处。他的很多自发行为与兴趣既有自己的坚持，又需要妈妈的及时肯定。他把妈妈当作资源，向妈妈学习成人的行为规则，并以此在成人的世界里生存。

如果我们假定孩子对陌生人的赞许需求是随机的、即兴的，那么妈妈对孩子关注别人的反应，以及这些反应对母亲内心的影响就值得分析。假定孩子完全不是妈妈理解的那个样子，那么妈妈的一切心理反应就只是她自己的。前者是对孩子需要别人关注的一种忌妒，后者是妈妈对孩子不能吸引别人关注的一种失落。她把这些情绪不假思索地投射给了孩子，并通过行为与语言来强化孩子的这种意识，最终让孩子被迫认同。这是一个糟糕的建构过程，挫败了孩子对这个世界旺盛的好奇心，使孩子失去了对自己的信任。比较合适的做法是：要承认我们对孩子心理的无知，当孩子坐在上面等待别人关注时，自己走开，看看会发生什么。当孩子在别人的赞许下飞快地滑下，自己故意装着没有看见的样子，看看又会发生什么。其实，孩子的兴奋点可能有一种阶段性，面对这个无穷复杂的大世界，孩子的兴奋点可能很快就转移了。

从儿童发展心理学来看，孩子 2 岁前由感觉主导，2—4 岁是由感觉与直觉混合主导。这个阶段的孩子在与他人接触时，往往采用类似于与妈妈接触的方式，因为当他关注妈妈的表情并与之互动时，他曾得到许多他想得到的东西。一般来说，4 岁以前的孩子是比较乖的，陌生的叔叔阿姨让他唱歌或跳舞，得到妈妈的首肯后，大多可以来一段热情的表演。5 岁以后就没有那么听话了，孩子已经具有判断能力与经验，知道他不干也不是什么大不了的事。

谈到孩子的笑，我想大人的笑又有多少是真正为了取悦自己而不是为了取悦他人和环境呢？孩子的笑一样多少有些工具性，因为哭与笑是他可以熟练驾驭的，他就是这样操控父母的。为什么妈妈觉得孩子的笑不一样呢？是心境不一样，妈妈觉得孩子对自己的笑是真心的，因为彼此相依相爱；对别人的笑是勉强的，因为对方是陌生人。我以为，孩子对陌生叔叔阿姨的笑，在本质上与对妈妈的笑没有很大的不同。他只有这样的交流技术，更多的交流方式还有待时间与经验去获取。你总不会认为哭比笑好吧！

我感觉用成人的心态去解读孩子内心是非常糟糕的事，因为这样总是能发现问题，也总是感觉到教育的重任，家长就会失去平和的心境，孩子也失去了自由、快乐成长的空间。我们的眼睛在建构孩子的问题，当我们以为在教化，甚至拯救孩子的时候，可怜的孩子可能慢慢失去了创造的能力，变得听话与平庸。对5岁以前的孩子来说，任何看似有问题的行为对他的成长都非常重要，而制止他的一些奇思妙想或古怪行为，则会对孩子的身心发展不利。

为什么越担心孩子出现的问题越可能发生？

儿子总爱讨好别人怎么办？

我是一个4岁9个月大男孩的妈妈。我的孩子没有主见，总是看大人的脸色行事，为了讨好别人而委屈自己。我觉得他这个年龄是性格形成的关键时期，所以想请你们帮忙，告诉我应该怎样做才能改变孩子这样的性格。

孩子是什么个性本身并不会给他自己带来痛苦，带来痛苦的是我们对不同性格赋予的观念。快5岁的孩子正是开始学习判断和识别环境与自我行为的年龄，从发展的眼光看，孩子喜欢看父母或大人的脸色，听从父母的决定是天经地义的。你的烦恼是你把自己对个性的评价投注到和孩子的关系中，在孩子身上寻找那些自己不接受的东西，担心孩子会有自己不喜欢的某些个性特征。往往越担心的事情越可能成为现实，因为担心和关注本身存在一种心理驱动力，并会缓慢地构成一种真实。其实，正是你过度的关注，并试图纠正孩子的行为强化了孩子类似的心理特征，孩子在一种标签下生活，他会用一种自我求证的方式发展出糟糕的个性来。

成人关注孩子的眼睛，就像在黑暗屋子里用一支微弱的蜡烛去照明，我们只能看见被我们的关注照亮的东西，这些东西（性格）并不是孩子的全部。相反，由于这样的关照，孩子对自己的感觉会被修正、歪曲，他也被照亮的部分制约，变得不自由起来。本来孩子的性格随着成长而变化流动，被关照着就不自由了、固化了，结果就被这样“建构”了。其实，我们换个角度来看，用关注去照亮另一面，孩子很快就会忘掉他是这样的，而变成对成长更有益的样子。

如果你希望孩子自己做决定，可以换一种方式来强化孩子，比如经常夸奖孩子喜欢做决定，并且孩子一旦做决定，妈妈总是很快地接受和赞同，并分享快乐，慢慢地，孩子就会喜欢做决定了。这里有两个原则：

一是不要评论孩子所做决定的好坏，先夸奖他做决定的行为。

二是孩子的决定可能错误时，妈妈不要马上纠正，要等一等，问问孩子是否还有别的方法。

有时候也可以让孩子体验失败，这样可以提高他对决定的判断力，鼓励他做出新的、更好的决定。有的家长会说，孩子从不做决定我怎么可以表扬他呢。不，孩子说“妈妈喜欢我就喜欢”就是在做决定。这是一个狡猾的决定，是不用承担责任、不会遭受批评的决定。如果你觉得孩子没有做决定，可能是你被孩子蒙骗了。小孩子无时无刻不在做决定，只是你不觉得那是决定而已。

接纳孩子的个性，促其成为更杰出的人

由于我们的文化认同某些性格特征，父母就期望自己的孩子养成那样的个性。个性的形成有很多的理论，如果选择基因性格论，而不选择社会性格论，那么自然状态下一棵梨树很难结出苹果来。当然，你立即会想到嫁接，嫁接虽然可以结出与苹果类似的东西，但结出的也不是苹果，而是苹果梨。一个孩子的心理、性格发展是否健康，并不在于发展成哪种类型，而在于对自己个性的接纳程度，接纳程度决定着孩子对自己的满意度。从你的行为看，不管动机是多么想对孩子好，行为的结果却是制造了孩子对自己的不接纳、不喜欢。孩子由此产生的自我冲突有可能影响他的一生，有时还会伴随一种深层的自我缺陷感。

其实很多孩子对社会的不适应是文化造成的，我们过于强调一种文化观念，却忽视了我们需要与更多的文化观念并存。从心理学来看，在一个社会人群中，需要不同个性的人有机构成一个整体，既是牵制也是互补。如果大家的个性都高度一致，社会不仅单调，而且疯狂。我们的社会需要不同性格的人，正如机器需要不同的零件，每种性格对社会都是重要的。现在我们面临的问题是主流社会是否对每种个性都有积极的认同，是否提供了适合不同个性的孩子生长的社会环境。

当一个社会不能理性对待不同个性的时候，父母为孩子担心，想让孩子改变个性是可以理解的。不过，聪明的父母知道，不喜欢孩子天赋的个性等于逆水行舟，喜欢孩子的天赋个性是顺水推舟。接纳并喜欢孩子的个性可以帮助孩子完成自我认同并积极上进，最终成为比主流文化认同的完美个性者更杰出、更成功的人。我们看到，没有哪个高智商者、高度成功者、统治者是特别外向、开朗、热情的；相反，主导社会生活、文化、政治的那一群人大多都是内敛、沉稳、复杂的。我们要对孩子正确解读主流文化对孩子个性与行为的要求，让孩子在集体生活中学习适用的行为与言语的交往技巧，而不是片面地期望孩子改变自己的性格。父母积极认同孩子的个性，同时又帮助孩子学习生活中的社交技能，这样的教育让孩子避免陷入对自己的否定中，他的内心就会协调、平和得多。

如何处理孩子的错误行为?

孩子知错不改怎么办?

我儿子现在5岁多，在幼儿园中班，他活泼好动，自尊心强，因为淘气、做事不计后果，大人总爱说他。说轻了，他不理；说重了，他马上会哭着说："妈妈，我以后再也不这样了。"可过后他还做同样的事，说同样的话。我能感觉到他很想做个好孩子，很在乎别人对他的评价，特别在乎我对他的态度，经常问我"妈妈，你爱不爱我？""我是不是好孩子？"犯了错误不让说，只要一说他的缺点，就表现得很不耐烦，或者干脆说妈妈不爱他了。他还会表述内心的矛盾，说："我心里有两个人，一个让我做这件事，一个不让我做这件事。"对于他的这些表现，我也常常反省自己，这到底是孩子的问题还是我的问题呢?

幼儿园规定不让把小朋友捐的书带回家看，他就偷偷地放在内衣里带回家，对我说是他的好朋友送的。第二天我才知道，他的那位好朋友那天根本就没去幼儿园。道理给他讲了不少，他也明白这样做不对。可过了几天，他又把这本书放在内衣里带回了家，还说是那位小朋友送的。孩子这样我真的好担心，他这样知错不改，我该怎么办？

对于这位妈妈来说，为了避免教育的困境，最好的办法是改译孩子的行为，说："老师是不允许把书拿回家看的（不是想占有，而是想继续阅读），你要把书还回去，明天在幼儿园里接着读。"妈妈可以收起书，在第二天上幼儿园的时候托付孩子把书带着，并微笑着让孩子在自己面前把书交还给老师，给予及时的表扬，并说放学后妈妈要听孩子讲书中的故事，看他是否把这本书看完了。

处理孩子的破坏行为或错误，只有两个原则。一是要孩子自己承担责任：让他把书交还给老师。二是帮助孩子从错误中获益：仔细阅读这本书并回家给父母讲述。要实现这两个目的，要注意两点。一是避免说孩子错了，更不能说"偷"这个字眼。因为这样的词极容易引发孩子的焦虑，感觉妈妈不喜欢自己，要说：不怎么好，或者这样不太好，这里隐含了一种委婉的责备。当然，首先还要把他的行为导向一种良好的动机，而非一种糟糕的动机，使他好的意愿被强化。其次要在孩子改变的过程中给予及时的鼓励与表扬，让孩子觉得虽然自己做了件不太好的事，妈妈仍旧是爱自己的。在此案例中，我没有读到妈妈是如何纠正孩子行为的，只看到简单的批评和担忧，如果孩子用不当行为获取别人的书，父母虽然批评，却容许他继续拥有这本书，结果是非常糟糕的，这才是我们真正需要担心的。

成为“好孩子”的代价

3—5 岁是自我意识的萌芽阶段，孩子喜欢想象自己属于哪一类的孩子，但他们并没有判断的标准与能力。他们不能抽象地判断未曾做过的事是好还是坏，必须先尝试着做，然后通过父母、老师、同伴的语言评价去获得判断。5 岁的孩子处在一种价值自我评价阶段，他们想知道自己是什么样的人，如果父母和老师喜欢对孩子说，你要做好孩子，不能做坏孩子，那么他们就迫切地想知道自己到底属于好孩子还是坏孩子。不让 5 岁的孩子做一些大人看起来是错误的事是不现实的，因为这个时候的孩子基本都是在错误中成长的。可以想象，5 岁孩子的心在这两种评价中跌宕起伏，有时自豪，有时挫败。这样的心境会一直延续到学龄期，在这个过程中，他们可以获得一些行为指南。

为了让自己的孩子比别的孩子更聪明懂事一些，很多家长试图提前让孩子知道更多正确的行为方式，并天真地以为孩子被告知以后就应该记得。遗憾的是，这个时候孩子的记忆更多是指向父母的情绪，很少关注父母的言语，更少关注父母的价值标准。所以，孩子读出妈妈的表情，知道自己这一次又错了，至于为什么错，心里还是糊涂。5 岁孩子的思维是发散的，当你用对与错这种二律背反的观念去引导他时，他的思维方式慢慢会变得狭隘，以为世界就是两极分化的，不是对就是错，以后除了对错他不再能感知其他的东西。他内心的快乐、创造力、幻想与兴趣被压制，同时外部世界的丰富性、色彩和内涵也变得单调与简单。为了成为好孩子，快乐和兴趣是不重要的，重要的是一定要正确。

这种单调的价值判断系统会限制孩子的思维发展，直到青春叛逆期的到来，因为很多信息告诉他世界并非如此简单和清晰，处在对与错之间的中间地带那么大，他会因此而处在长久的困惑中。在青春期，他会通过反向的情绪、行为来修正孩提时期被大人种下的谬误，重新整合自己的价值系统。常常是青春期前越规矩的孩子，青春期折腾得越厉害，因为要整合过于极端的信息，必然会伴随强烈的情绪。很有幽默意味的是，父母给予孩子价值观方面的教育越多，孩子成年后越可能反叛，尽管这种反叛充满内心的挣扎。为什么会这样呢？心理学的解释可能是，孩子在成长中有一种背离父母的倾向，要独立，要通过否定父母的形象来摆脱内心对父母的依恋。而父母教导的价值观与父母的形象密不可分，所以这种反叛有时是对父母价值观的全盘否定。

“代币疗法”：让孩子在对的时间做对的事

儿子动手能力差怎么办？

我儿子6岁多，贪玩好动，在学前班学习。老师常反映他的动手能力差，折纸、画画都比同学慢，尤其是写拼音，做算术题就更慢了。别的同学一节课写两篇，可他连玩带磨才写几行。

老师说他有多动症，对他束手无策。可我观察他不像有多动症，他性格和顺，从不因拔尖和同学们打架。他爱看书，识字量大，经常在班上替老师给同学们念故事书，并且每天都自发地看半个多小时的书。老师教的拼音和算术题他都会，可就是不爱动手写，多写一点儿，他就不想写了。我也采取过奖励的办法，甚至是打骂，都收效甚微。大道理他都明白，就是不愿写，好像是对写字没兴趣，嫌累。问题究竟出在哪儿呢？

他是写字方面有障碍吗？我该采取什么方法引导、训练他呢？

对一个6岁孩子的行为做任何评论都还早，家长千万不要想方设法地给孩子贴标签。我们必须看到孩子的生理和心理发展有很大的差别，同一个孩子在心智的各个层面：思维、想象、运算、语言、动作、身体反应、感觉、情绪等方面的发展也会有所不同。你的孩子语言能力、运算能力、阅读识字能力都比较好，但运动协调或手的精细动作能力稍差，也许都是一种平衡，大脑机能把兴趣集中在其他方面，这一部分的脑功能发展就相应减慢。当然，这只是一种假设。其实，同样的差异在动物中也能很自然地看到，电影《导盲犬小Q》中，一窝五只小狗也都各有各的行为特征。

客观地说，手的精细动作能力与机体的运动能力和智力一样，同样是重要的智力活动。哲学家康德说过："手是外部的大脑。"对婴幼儿来说，感觉运动是智力的起源，孩子的活动、游戏、语言可以促进孩子思维的发展，增进其对外部世界的认识。从大脑神经结构来看，手的神经分布占大脑皮层近1/3的区域，所以手的运动能力，尤其是精细活动能力可以促进这部分大脑皮层的发展，从而带动大脑思维能力、抽象能力、判断与运算能力、情感情绪能力等的发展。通常的情况是，手的运动机能高的孩子，智力水平也高，当然不排除少数孩子高度发展智力而使运动机能发展迟缓的例子。

手的活动，如写字，主要依靠小肌肉的精细操作，它的发展对儿童的心理智力发展可能产生巨大影响。在上学以前，家长并没有过于强调规范动作，上学后老师却要求许多规范动作，如起立、举手、列队、跑步和书写等。大多数孩子需要慢慢积攒运动经验。儿童手部精细活动的初步发展应该是在7岁以后，孩子才6岁，有些慢是可以理解的，不要心急。家长可以用一些训练来补偿对大脑发育的刺激，如用筷子把豌豆（或小珠子）从一个盘子夹到另一个盘子、折纸、画画、拼图游戏、搭积木、弹钢琴、穿珠子，甚至打电脑游戏，都可以促进手部精细活动能力的发展，而这一能力不一定表现在读书与书写上。

从你的表述中可以看到，孩子的其他方面得到父母的认可与表扬比较多，在写字方面得到的批评可能比较多。如果是这样，对孩子写字能力的发展是不利的。要想让孩子对写字感兴趣，就要想办法将写字与快乐的体验结合起来。家长可以根据孩子的兴趣特点来建构这样的联系，比如把他书写的句子贴在显眼的地方，父母天天欣赏，让孩子觉得自己写的东西很重要。不要反复在写字这件事上挫败他，使他产生畏惧情绪，这样下去，孩子的个性也会被打压，结果得不偿失。作为老师，也不能对学龄前和二年级的孩子在学习方面的适应能力做轻率的褒贬，这样可能会在无形中伤害孩子身心平衡发展的热情。科学的方法是等待和协助，根据儿童身心发展理论，在适合的年龄范围发展适合这个年龄段的事，让6岁孩子写很多东西，还要求写得工整，可能是对孩子身心能力的一种忽视。

在心理技术方面，可以采用“代币疗法”。孩子写完一篇字，给他的盒子里装上一颗棋子，等棋子凑够十粒，就答应他一个要求。这样把写字与孩子获益联系在一起，让孩子觉得写字是很有意思的事，比你教育他说写字对将来有多重要更实际一些。

苛求的母亲与遇事无主见的女儿

女儿遇事没主意怎么办？

我6岁的女儿缺少自主性，缺乏处理人际关系的能力。比如口中有痰，问我怎么办，我说吐吧。她又问："吐在哪儿？"生活中很简单的问题都要问大人。跟小朋友玩，其中一个男孩不让她和另一个孩子玩，女儿听了就玩不好了，她陷入思索，一脸茫然，最后跑过来问我："那我跟谁玩呀？"还有一次，一个小朋友给女儿几张卡，另一个小朋友也得到同样多的卡，但他还找我女儿要。他说完就走了，可女儿却陷入了迷茫，不知怎么才好。过会儿她问我："妈妈，这张卡我该给谁呀？"我说："你喜欢就自己留着，愿意送人，给谁都行。"她还是很茫然，非让我说出具体给哪个人。看她这样，我又着急又心疼，就提醒她："要卡的小孩子早走了。"这句话似乎是一把钥匙，终于把她的心锁打开了，又快乐地玩去了。

通过以上几件事，我发现，当别的孩子对女儿提出要求时，女儿不知该怎么做。为什么她会这样？是不是我的原因？我一直反思对她的教育是不是有问题。记得这个孩子生下来之后，我出现过失眠、紧张和一定程度的焦虑，身体也弱，常常生病。不健康的身心使得我情绪不好，又怕她生病，对她管教很严格。现在，我已经放松了对孩子的规定，虽然我知道只有自己是健康快乐的，才能把这份快乐带给孩子，但我不知道孩子的问题该怎么去引导和教育。

不知道你意识到没有，你说“我已经放松了对孩子的规定”，在我看来，这样的说法还不成立。读你的信，我感觉你只是在意识层面这样想，在下意识层面其实并没有多大的变化，你还是原来那个有些焦虑、喜欢苛求的妈妈。

你的内心在管与不管上还充满了冲突，所以孩子出现的每一个超出你预期的行为，都可以激发你的焦虑，并由此引发你内心的挫败与沮丧。你对过去的事耿耿于怀，尽管你在自责，但从你的描述中还能读出隐含的抱怨与愤怒。你没有整理好自己，只是试图压抑自己的情绪而已，所以，当孩子有这样那样的问题时，你自己先不行了。

一个妈妈怎样才能走出过去养育孩子的困境呢？首先需要换一种思维，把过去种种的不快看作是一种有趣的实践。你可以这样想，当妈妈真是一桩伟大而艰难的事业。现在总算让孩子健康地长到6岁，可以让自己轻松一些了。之所以给孩子更多的自由，是因为她已经不那么脆弱了，可以试着自己去触摸这个世界了。你会跟在她的后面，而不是拉着她往前走。当孩子有疑问时，你会好奇地问孩子:“这口痰你想吐哪儿呢?妈妈觉得有两种方法，吐到果皮箱里，或者吐到手纸里包起来，有了垃圾箱再扔。”或者问她:“宝贝，还有什么更好的方法吗?”

你的焦虑还来自对孩子的内疚。客观上说，内疚可以引发对自己的分析，并改善与孩子的关系，选择更宽松的教育方式。但内疚也有明显的坏处，就是让妈妈失去原则。因为内疚会干扰判断，破坏基本的原则，在管理孩子的时候无意识地显现出明显的摇摆和含混，更不利于孩子的身心发展。你需要处理好对孩子的内疚，如果这样想:“女人并不都是天生的妈妈，我和孩子共同成长，她慢慢成为健康聪明的好孩子，我慢慢成为温暖快乐的好妈妈。”这样，你就不必割裂现在与过去的关系，过去是现在让你变成好妈妈的必由之路。还有一种想法也可以帮助你减少内疚感：我过去管孩子还是不错的，不过，现在我有了更好的方法来和孩子相处。不把两种亲子教育方式看成是对立的，把它们看作是并存的甚至是互补的，更能获得亲子教育中的自由感觉。

我很同意你最后的话，“我知道只有自己是健康快乐的，才能把这份快乐带给孩子”。好好想想我对你说的话，也许可以让你的心情真正轻松一些。当然，我还觉得，你对家人孩子苛求，首先是对自己苛求，所以你也要先对自己好一点儿，每天都做点让自己开心快乐的事。当你善待自己的时候，才能真正善待你的家人和孩子。

现在说说孩子。6 岁的孩子正处在对外部世界感到高度的兴趣和害怕之中，她出现任何“反常”行为都是可以理解的。比如，她想关注蜜蜂，妈妈说蜜蜂会用刺蜇人，这并不能抑制孩子要走近观察的欲望。当蜜蜂被惊扰猛地飞起时，孩子可能会“哇”的一声被吓哭。妈妈不能说：“不让你去你非去，这不，吓着了吧。”其实孩子不是被蜜蜂本身吓着了，是因为妈妈的暗示，对暗示的联想在蜜蜂飞起的时候吓哭了孩子。

我们再来谈上述三个问题，其实我得到的只是妈妈的内心解释，显然不是孩子的。如果你的观察是对的，仅从现象分析，那我倒觉得这个孩子喜欢思考，执着地要弄清每个问题，是思想主导而不是行为主导的孩子，至少不会没头没脑地傻玩。退一步想，就算你的解释是对的，那么我们要考虑一下行为的惯性，妈妈的内心变了，希望孩子可以更加自主一些，可是孩子还不知道，她还在用过去有效的互动方式来与妈妈接触。如果你突然改变了方式，孩子会非常茫然，不知道自己做错了什么，这样的结果是不好的。孩子即使理解了妈妈的新要求，她还要适应一段时间，家长必须允许孩子在相当长的一段时间里可能出现矛盾的行为意向。

李子勋支招

让孩子有主见，妈妈只需做到这三点

妈妈要保持高度的兴趣，看看自己怎样利用聪明才智引导孩子习得更为开朗活泼的行为模式。适当地表达自己的无知，让孩子期望立即从你那儿得到正确方法的欲望被延迟。妈妈要参与式地与孩子讨论，可以多说下面的话："孩子，你想怎么做呢？"（让孩子学会选择。）"这样做对你来说没什么，但我是不敢这样做的，别人会批评妈妈！"（让孩子明白自己还是有某些特权，孩子与成人的规则不同。）"哦，那是佳佳的想法，不是你的，你可以按照自己的想法做的。"（让孩子尊重自己的决定。）"牛牛的要求你想满足就给他吧！你不想给他就别搭理他！"（帮助孩子建立人际边界。）……

批评也是一种亲密吗?

儿子爱发脾气该怎么办?

我的儿子5岁了，非常爱发脾气，当他发脾气时，我总想给他一巴掌，然后把他关在房间里。可这样做不仅没有什么用处，而且我还会产生犯罪感，不知道该怎么办?

5岁的孩子正好是需要发脾气的时候。不仅如此，在体验安全、快乐、满足、友情、信赖、亲密与依恋的同时，他还需要体验愤怒、敌意、悲伤、抑郁、挫败、不诚实、破坏、执拗、疼痛、饥渴、寒冷等。5岁孩子正面临情绪发展的重要阶段，也是最初阶段，而一个人的情绪能力恰好是他个性、情商、情爱能力发展的温床。这个阶段父母有一个重要任务，就是帮助孩子的情绪成长，比如让孩子对自己的情绪有识别，帮助孩子选择合适的情绪表达方式，促进孩子提高自我疏导与管理各种情绪的能力。最终帮助孩子在成长的过程中逐步形成可以自如地在合适的地点、合适的时间表达合适的情绪的能力。

妈妈想惩罚孩子，可能是自己头脑里认为无端发脾气是一个坏习惯，或者不制止它孩子会越来越糟糕。其实这是想当然。孩子乱发脾气是他不知道该如何表达他的情绪。当他感觉发脾气对父母牵制比较大时，他就接着这样做，并乐此不疲。孩子这样的情绪现象是有心理学意义的，5 岁孩子正处在与父母的依恋分离期，一方面他要随心所欲、自行其是，不愿意再受父母管束；另一方面他又想继续依赖父母，恐惧父母离开自己。这是一种双向冲突，孩子出现情绪不稳、发脾气的情况意味着一种对父母的关系控制。

对策是告诉孩子发脾气是一种生气、一种愤怒情绪的暴露，还要告诉他生气的时候内心是很难过的，一点都不好受。这个过程是“识别”。静静地，甚至可以微笑着看他发一会儿脾气，最多两三分钟情绪就会结束，情绪的结束往往会让孩子感觉疲惫。告诉他发脾气可以不那么久，妈妈听你嚷一句就知道你要什么了，生气太过人就没有精神了。这个过程是“鼓励情绪节制”。然后告诉他生气的原因是什么？愿望没有被满足，如想要什么东西却未能如愿；遭受一种限制，如必须按时起床吃饭；失去了某种快乐，如喜欢的电视节目停播，没人陪他玩或大人只顾自己的事；遭受挫败，如搭积木失败等。让孩子把发脾气和可能的原因结合起来，这个过程叫“联偶”。对孩子说哪些情况下发脾气是可以的，哪些情况下发脾气也没有用。尤其要对孩子说在某些情况下，如果不发脾气，好好对妈妈说，你的愿望更容易实现，这个过程是“选择”。最后，妈妈要模仿情绪给孩子看，让孩子知道如何合适的表达愤怒，这个过程叫“管理”。

对乱发脾气的孩子，这样做还不够，乱发脾气的孩子一定是习惯了通过发脾气来获益，所以当孩子发脾气时，妈妈就走开，干自己的事。等孩子发完脾气就装作什么都没有发生，更不要批评他。因为在某些时候，批评也是一种亲密获益。而孩子态度和蔼地要求什么，妈妈立即满足，哪怕要求稍有些过分，为了抑制他的脾气也要满足，让孩子觉得好好说话更能实现理想，这个过程叫“消退”。

单亲家庭，孩子心理一定会受影响吗？

为什么我没有爸爸？

我的宝宝现在1岁8个月，在她10个月大时，我和她爸爸分居了。虽然这是一场让我痛苦的婚姻，但我的女儿给了我很大的安慰，她还不到2岁，已经显得特别懂事、聪明。一个人抚养女儿，辛苦自不用说，但我最担心的是单亲生活会给她的性格和心理发育带来阴影。前几天，我们一起看《婴儿画报》，里面有一幅插图，画的是三口之家，我问她哪个是宝宝，她一次就指对了，又问她哪个是妈妈，她也是一次就指对了，问到哪个是爸爸，她就是不指图中的爸爸，这让我别提有多心痛了。还有，前些日子，她见我叫我的爸爸，她也叫“爸爸”，我纠正她：“你应该叫姥爷。”我原来的想法是等宝宝长到18岁以后再慢慢告诉她她的亲生父亲是什么样的人，我想这样做也许能把对孩子的伤害降到最低。可是现在我有了疑惑。

我的问题有两个：

一是现在就慢慢告诉她还是等她问我“为什么我没

有爸爸”时再对她讲？

二是对她讲真话，还是编一个美丽的谎言？

我是一个单亲妈妈，我女儿现在1岁9个月，她见到别的小朋友的爸爸就发愣，也会用疑问句说出“爸爸”这个词。虽然她说不清，但我明白她的意思，她想问为什么她没有爸爸。

而我看到动画片或儿歌里讲到爸爸的地方也会发愣（连《婴儿画报》上都有爸爸的内容！）因为我还没想好怎么同女儿说，她爸爸又不愿意回来看她。在街上也会有人对她说：“哎呀！多可爱的宝宝！你爸爸呢？”

我急需帮助，因为我越来越焦虑，我不希望女儿受到太大伤害，当然我明白她肯定会受到伤害。但我确实不知道应该如何应对，我甚至希望女儿不再长大，希望老师能提供一些帮助。

单亲家庭并不一定会给孩子的心理发展带来影响，事实上，某些单亲家庭的孩子发展得比普通双亲家庭的还要好。当然，单亲家庭的孩子要发展好需要一些条件。第一，带孩子的妈妈必须是成熟的人，个性独立、开朗、快乐，并且乐于照顾自己的孩子。第二，妈妈要有良好的社会身份与不错的经济收入，住房要大一些，这样容易形成孩子与妈妈各自的空间。第三，孩子生长的环境，如社区、幼儿园、小学不歧视单亲家庭的孩子。第四，离婚的父母彼此宽容、认同，没有相互的怨恨与冷漠隔绝，双方在孩子面前要维持一种亲情。第五，有一个彼此和睦的、扩大的亲友系统，如孩子喜欢的爷爷、奶奶、姥姥、姥爷、舅舅、阿姨、叔叔等，他们都关注孩子的成长。第六，离家的父亲要保持与孩子的接触，并承担抚养与教育的责任，让孩子意识到父亲的存在。如果上面的六点都具备，孩子的心理发展不会出问题，如果缺少其中的一两项，基本上是可以缓冲的，也不会出大问题。如果缺少两项以上，未来就很难预测了。

其实，单亲也有单亲的优势。首先在教育上更具有一致性，妈妈容易轻松地贯彻自己的养育思想，没有旁人来干扰。不用考虑丈夫，妈妈对孩子的关爱会更多，可以促使孩子更容易形成与人的依恋关系，孩子爱与被爱的能力和自我认同能力都会得到发展，会觉得自己很重要。更重要的是，稍大一些的孩子有机会反过来关心妈妈，甚至照料妈妈，替代父亲的功能。这样可以帮助孩子更独立，提升社会能力与助人能力。还有孩子与妈妈容易形成清晰的信息交流，孩子不必摇摆在父母之间，发展交流的双重性，这在孩子表达自己的能力方面也是有帮助的。

单亲的不利因素主要在孩子 5 岁的时候，那时的孩子不容易与妈妈完成依恋分离，性格发展可能滞后。原因往往是妈妈对孩子的依恋太多，无意识地阻碍了孩子对外部世界的兴趣。扩大的亲友系统可以帮助缓冲，让孩子与爷爷、姥姥、舅舅、阿姨等建立亲情关系，这样可以防止妈妈的情感占据孩子全部的身心。另外，如果是男孩，没有父亲的引导在性别发展上可能不够男性化；或者，孩子用过度补偿来弥补家庭的男性角色，显得过于男子气。社会、学校对男性角色的认同可以帮助孩子实现性别意识的健康成长。当孩子与妈妈发生情绪冲突时（生活在一个屋檐下难以避免），缺乏家庭内部的缓冲人，妈妈可以凭借良好的个性帮母子渡过难关。当然，还有社会歧视。许多公众信息过于强化单亲子女的教育困境，不恰当地夸大了单亲的危害，给孩子内心留下阴影，结果造成更多的单亲孩子陷入混乱，因此，改变公众信息导向可以让单亲孩子的成长更为顺利。

上面案例里的女孩很小就与父亲分离，与父亲没有亲密感。在孩子心中，父亲只是一个象征，也许更像是一个玩具。和蔼地、自然地告诉孩子父母离婚的事，不会给孩子造成较大的心理伤害，当然孩子可能有些缺失感，每个孩子都希望拥有更多的东西。在告知孩子离婚事实的同时，要给孩子适当的保证，说自己非常爱她，不会离开她，一定会照料好她，等等。讲故事，做游戏，通过隐喻的方式让孩子易于接受父母分离是心理学常用的方法。

孩子 5 岁以后父母才离婚的家庭，是否告诉孩子？这种情况要复杂一些，因为孩子的内心已经有了父亲的存在，这时候不要着急，让孩子慢慢接受父亲不再回家的事实，给予孩子内心缓冲的时间。开始的时候可以先说一些模糊信息，不要一下切断孩子内心的期待。用孩子不能理解的话直白地告知，常常会带有妈妈的情绪，可能孩子并没有明白发生了什么，却因妈妈的情绪而感觉害怕，从此不敢再提父亲。这个时候孩子需要对父亲的幻想，鼓励孩子维持心目中正面的、良好的父亲形象很重要，因为这个时期孩子的心理发展需要父亲的形象。尤其不要让孩子觉得父亲是被妈妈赶出家门的，这样可能会埋下孩子对妈妈怨恨的种子。由于父亲的缺席，孩子很可能表现得更依恋妈妈，行为会更乖一些，更听话和懂事一些，但这是假象，不要沾沾自喜。孩子害怕再失去妈妈，不得不过多地讨好妈妈，放弃了自己年龄应该有的兴趣和个性发展。很多妈妈希望用更好的照顾来补偿孩子，却使孩子失去了更多的自我空间，使结果更糟。离婚的父亲要保持与5—9岁孩子的密切接触，让孩子感觉他实际上并没有失去什么，只是父母不再生活在一起而已。

想瞒10岁以上的孩子是很难的，这个年龄段的孩子比谁都聪明。事实上，这个时期的孩子对父母离婚会有成见，会偏向一边而把愤怒投向另一边，会主动地卷入父母的离婚之中。父母最好彼此补台，不要让孩子觉得你们是因为他才离婚的，不要让孩子产生抑郁、自卑、敌对、逆反等情绪。心理医生不太认同美丽的谎言，它对5岁的孩子也许有效，对10岁以上的孩子就会适得其反，孩子会觉得被欺骗。坦诚的告知是可取的，不过妈妈不能流露悲伤情绪或对前夫的愤怒，否则会给孩子内心带来阴影。妈妈要先修补好自己的创伤，等自己可以平静地接受离婚时，再告诉孩子，这样会安全一些。

李子勋支招

如何把离婚一事告诉孩子？

1. 坦诚平和的态度，重要的不是说什么，而是你用什么情绪在说。

2. 不彼此抱怨，让孩子感觉离婚后的父母更开心幸福，自己也更被关心。事实上这一点很难做到，中国主流文化对离婚仍然是否定的。所以，这一点上不要说得过火，要用行动让孩子感觉到。

3. 不要让孩子卷入离婚事件。例如，说离婚是因为他太淘气，或者父亲觉得妈妈没有教养好他，等等，这样的话会给孩子内心留下永久的伤痛，甚至无法再信任亲人。

另外，如果妈妈还年轻，努力寻找合适的对象再婚是一种积极的生活态度，孩子很小的时候比较容易接纳新来者，七八岁以后就困难一些，12 岁以后基本不情愿融入新结合的家庭。让一个青春期后的孩子接受继父或继母是件很费脑筋的事。妈妈应该争取在孩子 5 岁前把自己嫁出去，这样更能重获一个温馨家庭，孩子接受起来要容易许多。我想提醒单身妈妈：孩子不是你生活的全部，他只是你爱与职责的一部分，你的职责还有很多。你首先要继续完成自己，善待自己，不要放弃追求幸福的机会，越是这样孩子的心理发展得越好，因为妈妈对生活的态度就是他成年后对生活的态度。

培养亲密依恋——幼儿期心理发展任务

依恋是由儿童与妈妈的共生关系引发的，心理学理论认为，孩子在刚生下来的前两个月，处在一种原型自恋状态，类似一种自闭，对外部世界浑然不知。这个时候的婴儿相当于生活在伊甸园，享受着欲求与满足。是妈妈的爱抚、温暖、怀抱和哺乳，让孩子从自体依恋转向客体依恋，开始感知外部世界，感知自己与他人的关系，感知身体的边界。如果妈妈性格强硬，动作粗糙，情绪不好，或对孩子管理疏忽（让孩子处于饥、渴、冷、湿等不安状态），或不愿亲自陪伴孩子，把孩子寄养别处，甚至虐待孩子，那么孩子可能很难与人形成良好的依恋，心理发展延缓，甚至出现自闭倾向。有很多不能形成依恋的孩子，在成长中慢慢出现边缘性人格障碍、自恋型人格障碍等。

孩子出生后的第一年很重要，妈妈的接纳、喜欢、拥抱、躯体抚慰和精神关注（投情），将促进孩子与妈妈形成一种信任的、安全的、温暖的关系，这样的依恋关系让孩子变得健康、活泼、开朗、自信和自尊。

很多妈妈会担心因为自己初产没有经验，工作繁忙，住房条件不理想，从而影响孩子的心理发展。其实心理学低估了婴幼儿的心理能力，我们忘记了存在本能这个东西，绝大多数婴幼儿都有主动适应环境的能力。在没有语言的时候，他努力用笑、哭、眼睛的追随、手舞足蹈来表达内心趋向，讨好并控制妈妈或照料他的人。妈妈或养育他的人不要挫败孩子这种努力，给予必要的回应可以鼓励并激发孩子努力发展与人的交流和建立亲密关系的能力。如果孩子在 2 岁前，妈妈由于种种原因，如外出、产后抑郁、让保姆或奶奶全权喂养，没有与孩子形成好的依恋该怎么办呢？孩子在前两年已经出现一些心理发展问题又该怎么办呢？不要担心，孩子 5 岁前回到父母身边，或者你阅读此书时孩子还在 5 岁前，一切都来得及。

儿童的发展其实并不像精神分析说的那样是一种时间性、顺序性很强的线性发展，我觉得儿童的心理发展通常是齐头并进、并存不悖的。儿童的心理发展也可以看成一种心理欲求，这种欲求的满足可以因为环境而延迟或阶段性潜抑，只要妈妈无条件地接纳、欣赏孩子，并适当地增加与孩子的躯体接触，温暖地拥抱他，轻柔地抚慰他，细心地照料他，孩子仍旧可以重新获得与妈妈的依恋。唯一不同的是，这种依恋可能会维持得比普通孩子更长一些（补偿机制）。

与父母形成深层依恋的孩子有以下特征

人际关系中，开朗活泼、自信、自尊，懂得爱别人，能与人共情，没有暴力倾向，善良，宽容，知道自我的边界，不对别人过度要求。

能正确解读父母教育自己的信息，打得也骂得，孩子不会记恨父母，一般也不会让父母太伤心。依恋不够的孩子打不得也骂不得，因为父母这样做会激发孩子内心深处对父母的不信任。

当孩子回家，回到妈妈身旁需要和妈妈重建依恋的时候，妈妈最好不要做以下这些事：

对孩子身上的某些行为、特征、习惯不满意，忙着纠正孩子，让孩子感觉很糟糕，没有安全感。正确的做法是：很长一段时间里不要批评孩子，如果有什么事非说不可，也要这样说："孩子你这样做很不错啊，不过，妈妈还有一种方法，你想不想试试？"

急于向孩子或让孩子表达亲密感，结果遭到孩子拒绝时，会引发大人的挫败感和孩子的焦虑害怕。

拒绝原来曾与孩子形成依恋的人（老人、阿姨）。忌妒孩子对那个人太好，会让孩子在客体关系发展中产生混乱的感觉。

扔掉孩子随身携带的旧手帕、毛绒玩具、漫画书，给他买更好的。其实，这些东西对孩子内心的平静很重要，它们是一种对父母依恋的替代品，大人要暂时保留，耐心地等待孩子自己失去兴趣。

父母要用一种平和、坚定、温暖的心去引导孩子，孩子会慢慢地完全投入父母的怀抱，完成儿童时期的心理发展任务——依恋。

第二章

亲情温暖孩子

——家人的爱是孩子成长的动力

《读者文摘》中有一篇罗伯特·凯尼的文章，叫《妈妈的裙带》。男孩很小时，妈妈把他系在自己围裙的裙带上说："现在你不会再摔倒了。"孩子一天天长大，想离开妈妈去看看窗外的阳光、树林和河流。"哦！妈妈，请解开裙带，让我出去吧！"但妈妈说："还不行，我的孩子，你还不够强壮。"孩子只好等着，看着妈妈一边工作一边唱歌。慢慢地，孩子又大了一些，他被窗外明媚的春光、喧闹的河水、青色的山峦吸引，不管不顾地向外走去。这时裙带断了，"啊！妈妈的裙带真脆弱"。孩子欢笑着跑出门去，一截裙带还系在身上。男孩一直跑，为自由、为新鲜的空气和清新的阳光欢欣鼓舞。他跑到一个悬崖的边缘，飞溅的瀑布迷乱了他的眼睛，他被绊了一跤，摔下崖去。在他惊叫的时候，他被挂住了，是妈妈的裙带勾住了树根，"哦！妈妈的裙带是这么的坚固！"孩子借着带子爬上了岩石，然后继续坚定地走向新奇的世界。

亲情就像妈妈的裙带，在我们小的时候，给我们亲密依恋、安全与归属感。随着成长，孩子们渐渐地有了自我意识，有了自己独特的情绪体验，对生活与行为方式也有了自己的选择。当孩子把眼光投向外部世界，步履维艰地走向社会的时候，寻求与他人丰富的友情，认同新的生活模式和精神榜样，看起来要比亲情更重要一些。其实，亲情依然留存在人类意识的下层，像心灵的摇篮，抚慰着孩子们疲惫的心。亲情是孩子心理发展的原动力，三个最重要的自我要素在亲情的呵护下形成：依恋体验产生爱和被爱的能力；客体关系，获得依赖与独立，并拥有信任他人的能力；自我认同，协调自卑与自尊，创造与发展的能力。

有些时候，亲情也会给我们带来烦恼。例如，“妈妈的裙带”太短，亲子之间易形成纠结，孩子与父母的脚步常常绊在一起，甚至摔倒，让孩子觉得自己是亲情的包袱。在孩子面对未来踌躇满志的时候，过于牢固的裙带会限制孩子的社会化发展，让孩子觉得亲情似乎在控制他。另一些时候，孩子会把在外部世界体验到的不安、挫败、恐惧、敌意投射给父母，以为一切都是亲情惹的祸。其实孩子不知道，对亲情的愤怒是在磨砺自己的情绪能力，学习识别、体验、释放与管理这些情绪，这样，人才能变得成熟。看看自然界，看看小老虎与其兄弟姐妹、父母之间的打斗，你就知道那小家伙在锻炼自己求生的本领。

不管对孩子多么厉害的父母，内心都是被爱驱使的，恨也是爱的同义词。爱孩子爱得过分，把孩子纳入自我范畴，忘了彼此的边界，以为孩子的问题就是自己的问题，内心一刻也不能安宁，真是可怜天下父母心。好的父母能够妥善利用亲情这根裙带，该放长的时候放长，该松开的时候松开，容许孩子去创造他自己崭新的未来。不过，让孩子离开自己，并不是一件很轻松的事，孩子与父母双方都会体验那种分离的痛苦。由于害怕这种痛苦，亲情会无意识地创造出隔离与误解，以此来对抗依恋与纠结。彼此对关系的愤怒越来越明显，冲突升级，分离在不知不觉中完成。我们不得不承认，许多内部的冲突都有非常的意义，关系依恋越厉害的家庭，孩子与父母的冲突也越激烈，不然分离永远不能实现，孩子也永远长不大。这里，我们要感激父母的伟大，不管遭受多少来自孩子的误解，当孩子需要的时候，父母总会义无反顾地挺身而出。

我们再来说说孩子的事。许多孩子的问题是成长的问题，孩子每个阶段都可能会犯一些与年龄相关的错误。犯错是孩子的权利。亲情有一个自然的倾向，就是父母不能容忍孩子犯错误，以为犯错误的孩子不是好孩子。其实，敢于犯错的孩子是很有希望的孩子，只能适应成功不能适应挫折的孩子，反倒是没有出息的孩子。亲情还有另外一个倾向，就是父母以为孩子一定要严加管理，不教不成方圆。其实孩子就像一棵小树，给他时间和空间，他自然会抽枝拔节，变为栋梁。等待孩子长大是每一对父母都必须认真面对的事情。当然，我们也观察到有些亲情存在着伤害，孩子在亲情互动中伤痕累累。其实，很多早年来自亲情的心理创伤，其根源还是自己，心结总是通过自己慢慢地赋义来形成，我们把成长的烦恼归罪于父母，只是为了逃避本该属于自己的责任。

父母给予孩子的压力、不信任与否定是很重要的。首先，孩子要理解父母的动机；其次，要知道否定的情绪只是亲情中一个小小的部分，亲情涵盖着最坚贞、最伟大、最不离不弃的人类情感，不要因为一棵树而失去一片森林。有时候，孩子会依恋双亲中的一个，排斥另外一个，以为一个对自己好，一个对自己不好。其实，两种类型的关系都是很重要的，一个溺爱孩子，另一个就会变得苛求，这是均衡的问题。我们该感谢的不是那个喜欢溺爱孩子的人，而要感谢那个敢于苛求的人，因为在亲情中他同样失去了很多东西，如共情、依恋需求、正面感激、积极情绪等。

亲情永远是孩子成长的动力。尽管在一些时候，亲子间的互动会有这样或那样的矛盾，但父母只要保持平和之心，再叛逆的孩子也会在亲情的抚慰下回归。同样，孩子只要保持对父母的尊重之心，亲情间再激烈的冲突也会化于无形。但愿亲情随着时间慢慢沉积在孩子的内心，就像丰富明亮的金矿，开掘不竭，让孩子的心灵永远承载着人类伟大亲情的滋养，并且闪耀着人性的熠熠光辉。

孔融让梨的故事适合给孩子讲吗？

女儿很自私怎么办？

一天，上小学一年级的女儿放学回来，对我说："妈妈，我给你留了一件礼物。"我问："是什么礼物呀？""是一块糖果。"我听了挺高兴，忙感谢女儿。谁知女儿接着说道："妈妈，这是老师发给我们的。一共发了两块糖果，一块大的，一块小的。我本来想都留给你，可我看着那块大糖果特别想吃。我忍了一下，又忍了一下，最后还是没忍住。现在就剩下那块小的了。"

虽然没忍住，但不管怎样，不还是有块小的吗？我摸摸女儿的小脸，回应道："没关系，只要女儿想着妈妈就挺好。谢谢你的礼物！"

女儿看我没说什么批评的话，一下子放松了下来，接下来的话就更让人哭笑不得了："妈妈，那块小糖果我不爱吃，因为我觉得它可能太硬了，我怕吃了会把牙硌疼！"

其实，以前也有过这种情况，女儿会说："妈妈，这块点心我吃不了了，留给你吃吧。"

我有些奇怪，其实从女儿很小的时候，我就教她分享的道理，可为什么会出现这种情况呢？看到别人家的小孩子什么事都先想着妈妈，我总是很羡慕。可女儿却总是先把自己照顾得挺好之后再想到我，这让我多多少少有点儿伤心。

请问，我该怎么对待这种情况？

我们都曾被父母告知孔融让梨的故事，也把这样的故事告诉过自己的孩子。但我们听这样的故事和把这样的故事告诉孩子的时候，骨子里并不真的那么情愿，只是觉得应该如此，而不是真心愿意如此。东方的文化追求一种大我的概念，不那么强调自我。所以，我们做任何事都要事先想一想这样做应该不应该，不鼓励仅仅遵从自己的意愿、兴趣，或自己想怎么做。觉得自己想怎么做是不重要的，重要的是别人期待我们怎么做。

按照这位妈妈的想法，我们就陷入一种难堪的情景。因为妈妈并不是真想吃孩子喜爱的糖果，只是希望听到道德正确的声音。我们鼓励孩子说一些虚假甜蜜的话来取悦自己，最后我们获得一个机会对孩子说："宝贝，妈妈不吃你的，妈妈只是想知道你有这样的心意。"孩子得到的感觉是不管自己是否情愿，这样的话是一定要表达的。更相悖的情况是，我们教育孩子要把自己的东西无私地分给别人的同时，又告诫孩子绝不能向别人要，或者随意接受别人的东西。我也有个女儿，在她小时候，我也曾遇到这样尴尬的场景：邻居家的孩子来玩，要玩她的洋娃娃，她不肯，那孩子就哭。我问她儿歌里是怎么说的，她非常流利地说：“排排坐，分果果，大的给别人，小的给自己……”我说好东西是要和别人分享的，她回答说：“好孩子不会要别人的东西。”邻居家的孩子只好哭着回家了。

我们的某些文化和教育违背了孩子的天性，孩子的天性是不能用善恶来判断的。我个人觉得，首先要帮助孩子珍视自己，觉得自己很重要，而不是教育孩子别人比自己宝贵，以及别人的需要比自己的需要更重要。一个不珍爱自己的人绝不会去珍爱别人，一个不认为自己重要的人也不会认为其他的生命很重要。我们对孩子的许多教育完全建立在大人假设的世界观里，以为我们用无私的心（实际上我们自己也从来没有真正无私过）来塑造孩子，孩子就会有良好的道德行为。其实，很多说法看起来很美，真正这样做的话，不仅伤害自己，也伤害这个社会。对这个妈妈来说，你对孩子的担忧是你内心存在的文化观念产生的一种困扰，这个困扰不是孩子的，是你自己的。你能做的就是充满好奇心地去等待，孩子爱妈妈的心是真诚的，不能容纳虚伪，你更不能鼓励孩子去虚伪。

孩子的“真爱”与“假爱”

我在中央电视台少儿频道的《成长在线》做节目，其中有个个案很有代表性。一个小学五年级的孩子热心社会公益事业，每天给自己定下任务要收集多少旧电池，以此来帮助环境免受旧电池的污染。她的成绩斐然，被学校、社会多次当成典范。慢慢地，她欲罢不能，给自己定的任务越来越重，结果学习和生活都受到很大影响，她的内心也很焦虑，最后连吃饭和睡觉都出了问题。她的父母也受到此事的影响，知道这样下去孩子的身心会崩溃，却不知道怎么说服她回到一个五年级孩子应该有的自然状态。我对这个孩子说：“如果我们有能力，我们要承担大一点的社会责任，为社会奉献更多的爱心，为此我们感觉很愉悦。如果我们能力很小，那么我们就承担小一点的责任，为此我们也很愉悦。如果我们能力很差，坦然地接受社会与他人的关心照顾，我们也可以是幸福和愉悦的。只有这样，我们的社会才是一个和谐的社会。”我们的文化也告诉我们，能者安邦兴国，无能者独善其身，两者对这个社会都是同等重要的。

帮助别人首先要看自己有多大的能力，我们鼓励孩子去爱别人，但在没有完成对自己的关爱时，对别人的爱就如无源之水。假想我们内心有一只盛满爱的杯子，给别人的爱是杯子中自然溢出的水，那是真爱，是真正对他人的关怀与帮助。如果不珍爱自己，杯子里盛放的爱就会变得很少，在自己对爱和关注还很渴望的状态下，倒空自己的杯子去爱他人，这是假爱，是需要回馈的爱，是一种希望获取更多的虚伪的爱。一个不顾自己的利益，让自己变得惨兮兮的人，其实会给社会造成负担，因为任何理想的社会，都期待每个人能得到必要的舒适感与满足感。

父母的焦虑会强化孩子的过度依恋

孩子不愿上学怎么办?

我的孩子今年8岁，上一年级。孩子觉得学校离家近，主动不要我接送，我很高兴。可过了一个月，孩子突然对我说：“妈妈，你中午接我吧。”我好奇地问：“中午你一回家就要吃饭，如果接你，会耽误做饭时间的。”孩子回答说：“中午回家，我先做作业，你做好饭我再吃。”我觉得孩子很懂事，就答应了他。这样过了两天，班主任对我说：“你的孩子上课时总哭，问他原因，他说‘想妈妈，怕妈妈不在家’。”

这使我想起了前些日子发生的一件事。那是一个星期六的上午，我要去买菜，找不到孩子，在窗口喊了几声没回应，到楼下找了几圈也没找着，便直接去买菜了。过一会儿，一位邻居看到了我家孩子，她刚才听到喊声，知道我在找孩子，便对孩子说：“你妈让你回家呢！”孩子听了赶紧跑回家，却扑了个空，于是号啕大哭，从家门口一直哭到大门外，在一个常去的店内找到我后，还一直在哭。我哄了好一会儿才好。

接下来的一个星期，事情变得越来越糟，不仅要接送，平时也要我在校门口守着，让他一下课就能看到我。上课铃响了，他却磨磨蹭蹭地不主动进教室，得我把他送到教室门口，再纠缠一会儿，还要老师叫几遍才进去。后来，我被缠得没法，只有请姥姥、姥爷来帮我照看。

现在尽管大人跟着，孩子每天能按时上下学，可学习成绩根本不如以前，做作业心烦意乱，明知错了也不乐意改。上学期还是优等生，这学期最多也只是一个中等生而已。眼看一个聪明健康的孩子变成了这个样子，我的内心很沉重。希望李老师能帮助我这个无助的妈妈。

这封信截取了生活的一个片段，展现的是家庭与孩子间存在的一个问题。其实，这个问题只是亲子互动在某个时刻的具体反应，它从既往的关系中演绎而来，也会随着关系的发展而淡化。问题是父母要等待多久，孩子才能放弃缠绕，走出依恋。

这封信传达的信息并不多，许多家庭内部的关系和互动规律我们只能通过假设得出，当然，假设常常是不可靠的。让我们思索的有以下几个问题：

一是信中没有父亲的影子，也看不出孩子的性别。如果是 8 岁的男孩，最能帮助孩子放弃对妈妈缠绕的人就是父亲。男孩在 5 岁左右的时候，要解决母子关系中的纠结，才有利于男孩的性心理和社会心理发展。如果一个8岁的男孩还缠绕妈妈，出现不愿上学等情形，是非常不自然的事。对5岁以后的男孩，无论父亲有多忙，都需要挤出时间插入母子之间，把引导孩子长大的责任接过来。

二是从孩子的行为看，我们很容易得出结论：孩子缺少安全感，害怕失去亲人，需要时时刻刻关注到亲情的存在。不过我们还看不出这种依恋是孩子的需要还是妈妈的需要。有的父母总是把内心的焦虑投射给孩子，从孩子身上看到自己的影子，无意识地强化了孩子的依恋行为。有可能是妈妈对孩子依恋的过度关注使孩子深陷对亲情的不安之中，孩子的问题只是妈妈的“症状”之一。当然，这样的假设也是有危险的，如果妈妈的确需要把内心的不安投射出来，孩子的问题实际上就在“医治”妈妈，一旦孩子的行为得到纠正，妈妈的心病也能得到痊愈（比如获得价值感、成就感或其他一些正面情绪，从而找到自我位置）。如果是这样，心理专家过早地介入会把家庭弄得更乱。

三是信中看到最多的是妈妈与孩子的互动，妈妈似乎在逐渐地放弃“原则”，迁就孩子，甚至不惜让孩子的姥姥和姥爷卷入进来。在孩子发展的每一个阶段，本能的趋力总是有两个相反的流向：一是对新鲜事物的探索，寻求变化；二是对熟悉事物的保守，对变化的反抗。两种力量同时产生，并保持一种发展的均衡速率。所以，孩子上幼儿园哭，上小学哭，看不到父母哭和离开父母后在幼儿园开开心心地闹，在小学自由自在地玩是同时并存的。不要以为孩子的哭意味着没有父母他就不痛快。很多时候，孩子纠缠亲人，等亲人千方百计离开后，孩子转脸就笑逐颜开，把父母忘到“爪哇国”里。临床经验告诉我，孩子在与亲人的关系中体会到两组矛盾的信息：爱与苛求，关心与冷淡。他无法识别哪一种信息更真实，因此发展一种极端的行为来确保爱与关心就是很普通的事。男孩的这种特征与妈妈的情绪不稳定或者存在癔症性人格有关。

李子勋支招

帮助孩子适应学校生活

一年级是孩子开始走出家庭、探索社会的重要时期，这个时期家长与孩子都面临着许多新的问题。首先是孩子要学习新的学校规则，交新朋友，同时理解学习的重要性并培养学习的兴趣，还要在学校里获得他人的认同和成就感。家长则要修正家庭规则，把孩子的学习纳入日常的时间安排，并尽可能多地在学习上欣赏、奖励、鼓励孩子，让他在学习中体会到比玩更大的快乐。对孩子缠绕、哭等类似对亲人控制的行为，父母应给予理解但不支持，不改变规则，遇到孩子反抗时温柔地坚持。利用孩子偶尔表现出来的例外（主动上学或做某件事），给予明确的共情、夸赞和物质奖励，帮助他培养好的行为。从幼儿园的儿童转变为一名小学生，孩子的心理层面会受到一些冲击，出现这样那样的不适应应该是预料中的事。建议父母保持平常心，把孩子的行为看成是他心性发展的一种自我磨合，父母坦诚、信赖、温暖的态度，可以支撑孩子稳步向前。

宁肯让孩子碰壁，也胜过过度保护

孩子眼高手低怎么办？

李老师好，我的孩子今年刚上一年级，各方面表现还行。就是有一点，老师经常向我投诉，说他有些眼高手低，自己似乎很要强，什么都想争取，但是又管不住自己，达不到他想达到的目标。我该怎样帮孩子克服这个缺点呢？

对一年级的孩子来说，有些眼高手低是最正常的事情了，今天的孩子，尤其是独生子女大多是在自恋情结中长大的，小时候长期处在被关爱的中心，世界是以孩子自我为中心向外部延展的。人们的确对儿童，尤其是 3 岁以下儿童的内心世界充满好奇，在没有理性、逻辑、言语的那段时间，生命的知觉是以生物本来的方式出现的，孩子们能知觉到的东西与已经被社会化、理性化、言语化的成人知觉到的东西可能存在巨大差异。孩子在成长的道路上很快学会说话和识字，开始利用大脑功能去扩展他的知觉体系，也慢慢地从自我的、身体的、无所不能的感觉中走进现实。

一年级的孩子还没有从夸大自我完全演变为现实自我，这个过程有的孩子要持续到10岁才能基本结束。这个时候孩子内在的童心磨灭，五彩缤纷的童话世界变成灰色的成人世界。幼儿园与小学的教育无疑加快了儿童心理的进化过程。当然，到底让儿童保持童话知觉更长久一些好，还是让孩子更早成熟好，不同的教育理念各执一词。但有一点是大家都承认的，大多数伟大的智者、科学家、艺术家、哲学家都是永葆童心的人。葆有儿童认知的人整个大脑顶叶和额叶持续拥有思考与思维的功能。完全失去童心的人，大脑顶叶和额叶只有运动与情绪的功能，思考仅仅局限在大脑皮层表面那层微薄的膜。具有童心的人善良，乐观，愿意助人，同情心深厚，爱护生命，但不喜欢严酷的学习生活，也不与人竞争，不善于交际，不喜欢麻烦。

如果父母愿意选择让孩子更快地成长，增强他们的现实感，也是可选择的。饥渴、欲求不满、孤独、受挫、亲情隔离这些都可以让孩子快速地从幻想中的自我世界"进化"到冷硬的成人世界，这要看父母是否舍得让孩子的童年充满艰辛。心理学建议，父母在与孩子的互动中，要即时地肯定孩子的能力，"你能做什么，不能做什么"，这句话是父母与孩子说话的口头禅。自恋型长大的孩子由于不能界定自己的能力，会出现一种夸大的自我感，感觉自己什么都是最棒的。让孩子做力所能及的事情，教导他们做好，并对自己的行为负责。那么，孩子在能力的增长中，夸大的自我就会慢慢转化为成熟的自信。千万不要挫败孩子对想做什么的尝试，宁肯让他在现实中碰壁，也比过度保护他、不允许他犯错要好。建议不要把老师的反应当成多严重的事，如果孩子在学校里什么都不怕，反倒会有更多的机会去发展动手与抗挫的能力。

孩子情绪的“镜像作用”

女儿太敏感怎么办？

我女儿是一个三年级的小学生。在家庭以外的环境里，她是一个懂事、聪明的孩子，老人们都称她是“小人精”。可在家里，她常常发脾气，坐立不安，有种凡事都不顺心的感觉。当她心情好时，说出来的话让你心里甜滋滋的，可一旦发起脾气来，都有掐死你的心。对于这种心态，我真不知该怎么教育她。

还有，她时时都在观察我的表情，总让我笑。不管什么情况下，我没了笑容，她就要说：“妈妈又不笑了。”当我勉强地笑时，她也能感觉到我的不开心，总是问：“妈妈为什么和别人说话都笑眯眯的，和我说话就不笑。”这给我很大的压力。我是一个40多岁的妈妈，生活的压力很重，感觉有些喘不过气来。而女儿又是一个随时都要妈妈的人。不管是写作业，还是玩，总是希望我同她一起，比她快了不行，慢了也不行，让她没新鲜感还不行。因此，我很烦。今年春天，我给女儿做了一个心理测验，她属于敏感型的孩子。我应该怎么对待她？

10 岁左右的孩子学会在家与在外面可以不一样，是一种心理的成长。学校里，老师是绝对权威，孩子必须学习规则，学习与人交往的技术，学习人际沟通交流的方法。所以孩子对邻居、对周围的人用的是学校里学习的社会原则。在家里则不同，家里基本没有固化的权威，孩子并没有被强迫必须要怎样，她有选择行为或情绪的权利。加之现在独生子女很多，在家庭里还能分享父母一定的权利，孩子的心性就会表现得自由一些。

关系良好的家庭里，孩子一般有比较强的安全感，这也是她比较随心所欲，不愿约束自己内心的原因。关系不良的家庭里，孩子可能呈现一种虚假的懂事，因为她要分担家庭里面的忧愁与烦恼。有的孩子为了让父母的冲突减少，逼迫自己快速成长来部分替代父母在家庭里的功能，这样的孩子看起来很懂事，其实内心痛苦至极。

10 岁孩子还有一种情绪的“镜像作用”，她越关心谁，越喜欢谁，心性脾气就越像谁。你觉得孩子“常常发脾气，坐立不安，有种凡事都不顺心的感觉。当她心情好时，说出来的话让你心里甜滋滋的，可一旦发起脾气来，都有掐死你的心。”这种感觉也许正是你给孩子的感觉。读读孩子的话：“妈妈为什么和别人说话都笑眯眯的，和我说话就不笑。”你就会明白，你觉察到的孩子身上的东西，也正是你自身的。你很烦、很急躁，但与孩子无关，与你的情绪特点有关。

李子勋支招

如何让孩子变得温和？

如果真要孩子在家里变得懂事、温和，你可以做如下一些表率：

利用父亲的介入来弥补你个性里的不足。在你的信中我读不到有关父亲的信息。如果父亲长期不在身边，或已经分离出家庭，那么你需要与女儿拉开一些距离，很多事不要替女儿做主，用更多的信任、欣赏、认同去处理两人之间的分歧。

要关注女儿正面情绪的那个部分，及时与她分享。减少对负面情绪的关注，如果看到孩子无端地发脾气，可以装作没有看见，不对这样的信息做回应，让孩子慢慢学会调整自己的情绪。这样处理，容易让孩子从负面情绪中获得经验和情绪自我管理的技术。如果看到孩子的坏情绪就马上希望能帮她克服或解决，结果不但强化了这些坏情绪，孩子也无法从中获益。

如果工作忙，或者心情不好，一定要先给

孩子一个信息："宝贝，别担心，妈妈有点儿不高兴，但不是你的错，是与……有关。"孩子需要这样清晰的信息，因为孩子可能天真地以为妈妈的一切不高兴都是自己引起的，如果自己表现得好，妈妈就是快乐的。对于敏感的孩子，妈妈还要说："你能关心妈妈，让我的情绪好多了……"这样的信息也很重要，孩子可以从妈妈处理情绪的过程中获得表达情绪、管理情绪的经验。

隔代教养中，谁是“丢斧子的人”？

如何消除老人对孩子的负面影响？

我和老公都是农村出来，经过刻苦求学留在北京的“移民”，我们的孩子已经 7 岁了，在孩子 7 岁之前我们夫妇为了事业打拼经常加班到很晚，有时候周末也经常加班，所以陪伴孩子的时间很少。孩子 7 岁之前几乎都是在受爷爷奶奶的影响，在按照爷爷奶奶的行为方式生活。但是我公婆来自农村，他们经常会对着孩子互相骂脏话，坐公交车会占座，在楼道里会大声说话丝毫不顾及左邻右舍，见了邻居很少主动礼貌地打招呼，自私狭隘，又爱计较……这些不良的习惯我儿子身上都有，儿子和我们在一起的时候，我们常常告诉他什么是正确的做法，但是他就是不改。因为这个，他在现在的班上也不受同学待见。很多人说孩子 6 岁之前受到爷爷奶奶的影响，很难在 6 岁之后改变，为此我特别担心，如果孩子总是这样，作为一个男孩他总是计较、做事不够绅士，没有人愿意和他做朋友，未来在职场上、在生活中不能闯开一条路该怎么办？我怎样才能改变老人刻印在孩子身上的不良印记呢，希望李老师支招。

虽然中国有句古话：三岁看大，七岁看老。不过说是这样说，其实不能当真。过去，一百年都不会有什么变化，而今社会，过几年就会有很大的不同。今天我们接受小时候淘气捣蛋、没有正形、数学就考一分的马云是天之骄子，但是当年又有谁会如此看好他。今天你家“男孩儿喜欢计较、做事不够绅士，没有人愿意和他做朋友”，谁又能知道未来的他不会是知书识礼的谦谦君子？心理学相信父母信念的作用，如果你们坚信自己的孩子会是栋梁之材，那么随时随地去发现他天才的潜质，唤醒他，促进他，他也会慢慢展现出卓越的才能。如果说父母对孩子的教育具有一种雕刻作用，那么每一刀都要刻画孩子的美，而非彰显他的丑。对未经雕琢的部分，或者 6 岁前的印记，父母只要温柔地坚持也一样会创造出唯美的作品。千万不要在孩子 7 岁前就把他固化了，也不要总在担忧什么，往往是越怕什么，什么一定会发生。原因是你担心什么，对什么就敏感，就越能看到，结果那个东西就变得越来越顽固了。

如果父母细心去发现孩子不计较、懂礼貌的地方，也一定可以看到自家的孩子还算是有教养的人。一般情况下心理学会这样分析，你们看不惯爷爷奶奶的做派在前，孩子在他们那里长大，因而担心会受到影响，结果你们就看到了这种影响。人总是能看到心中想看的东西，中国谚语中“丢斧子的人”，说的就是这种心理现象。孩子的教育一是在良好的亲子关系中，二是在环境中。孩子刚回父母家，父母就忙着要改造他，这不是一个好的策略。最好先是无条件接纳，与他重建亲情与亲密感，获得孩子的心理依恋，这样你们的话就比较管用了。不然孩子在 12 岁以前都会把爷爷奶奶看成最亲的亲人，一放假就要回乡下找他们，同时，由于内心趋向，无意识重复爷爷奶奶的做派也是一种思恋的替代。

环境会塑造人，孩子的教育体现了他生活与经历的环境。人是环境的产物，以前孩子生活在农村，并非爷爷奶奶的教育失当，而是在环境中耳濡目染。现在回到父母身边上学，新的环境会慢慢熏陶，浸染孩子的心灵，在他与环境融入后，言行举止也就焕然一新了。当然，这需要一个过程，不是一蹴而就的事。父母不要提醒孩子不得体、不礼貌的行为，而是鼓励他学习与人交往的原则，不是说他有什么缺点需要改，而是说有什么能力他需要学习。孩子有缺点要改，意味着孩子的有些东西是不好的，得消除掉。如果说孩子还没有学会人际交往，意味着孩子一切都是好的，只是需要更好，想想孩子更愿意听哪句话呢，或者说父母说哪句话更让孩子感觉舒服。

今天中国孩子普遍品行素质不高，不是社会教育出了什么缺陷，而是社会缺乏善意、诚信的环境，使得孩子不那么看重高尚与良知。同样，如果父母希望孩子具有艺术气质，那么要做的不是去给他报艺术班，而是让他尽可能生活在一种充满艺术的氛围里，比如更人性化的城市、优美的小区环境、充满艺术气息的家庭装饰，常带他去看画展、听音乐会、亲近大自然……让他不断浸染在艺术的环境中，孩子的艺术气质自然就提升了，这就是环境对人的塑造作用。

好父母善做孩子学习的好帮手

孩子患开学焦虑症怎么办？

快乐的寒暑假总是显得特别短暂！这宝贵的时光是孩子们修养身心、放松身心的时间，也是储备能量，更好地迎接新学期和新挑战的时间。当孩子对上学缺乏热情，在家里焦虑烦躁时，家长们怎样才能在施压和放任不管之间找到平衡？怎样让孩子重新找回学习的动力和欲望呢？

中国有句古话：业精于勤荒于嬉，行成于思毁于随。长假过后孩子内心秩序瓦解，精力也会随着过度的兴奋或者懈怠而难以集中。所以开学前两周孩子会处在自我调节的过程中，这是正常现象，家长不需要过分担忧。通常做法有两种。一是时间上的管理，开学前一周，不要再安排孩子外出旅游，探亲访友；让孩子补齐家庭作业，最好让孩子把上学期的知识做一个总结，温故而知新，这个阶段叫“收心”。二是检查完假期作业，可以安排孩子阅读一两本科普读物，帮助孩子扩展思维，增强对知识的好奇心，如有可能，找到下学期的课本，要求孩子对前三章科目做一些预习，这个阶段叫“起航”。等孩子到了学校，由于有些课前准备，尽管精力不集中也能跟上教学进度，这就可以扬帆了。

整个假期，小学家长需要与孩子制订学习计划，全方位参与和监管孩子的假期作业。因为小学阶段的孩子还没有自我管理的能力，很多有计划、有规律的作息需要父母的参与。时间上，每天必须有一个固定的学习时间，比如上午 9—11 点，不要超过两个小时。除了时间，家长还需要制定作业的量。坚持规律的学习可以让孩子内心形成一种秩序，领悟到学习的重要性，对以后的学习非常有好处。初中的孩子已经有了逻辑思维能力，也可以对整个假期的作业与学习有整体的安排，父母要与孩子讨论安排学习日，但不能强行替代孩子去计划，这反倒会让孩子不想遵守。如果一周学两天，那么这两天，不管做什么都不能干扰孩子的学习，哪怕他在外地旅游，探亲访友，到了学习日那天，哪里都不能去，也不能玩，要忍受孤独寂寞，以此强化学习的重要性。初中孩子求知欲很高，但鉴赏力比较弱，父母可以部分介入孩子的阅读计划，推介或指定好书，阅读的东西最好五花八门，因为不管孩子还是父母都不能确定孩子未来的发展方向，广泛阅读可以让孩子轻松找到自己的兴趣所在。对高中的孩子，父母就不要干涉了，这个时候，孩子已经有了基本的自我认知，做什么、不做什么心中也有一杆秤。让孩子自己把握假期学习和阅读物，对培养他们的自我管理能力是有裨益的，对今后走进大学后的自我管理很有帮助。

针对孩子的开学焦虑，父母不要提醒与强化，允许他发牢骚，说过分的话，但上学这事雷打不动，没有什么道理可讲。父母过度担心可能是好心办坏事，让孩子误以为情绪不好可以成为不上学的理由。家长也不能通过物质奖励去督促孩子上学，这样孩子很容易把学习作为条件和父母较劲，得不偿失。

让电子产品助力孩子的成长

孩子沉溺于电子产品怎么办?

现在是移动互联网时代，电子设备已经渗透到所有家庭，深刻影响着我们的生活。然而，作为一名家长，我总是内心充满纠结：一方面不想让孩子沉溺于电子设备，每天玩游戏，看动画片；另一方面，如果别的孩子都玩，通过移动互联网掌握了很多技能和知识，因为我的阻止导致他在这方面的落后或者是不入流，我又会觉得是自己的错。我该如何平衡和引导?

互联网改变了人们的生活方式，也改变了孩子的成长方式与学习方式。知识不再是那么系统性、整体的、循序渐进地被孩子学习与掌握，而是以即时生成的、碎片化的、娱乐化的方式逼迫孩子变成花丛里采蜜的蜜蜂。大人们试图通过网络轻松地重建与自组自己的知识系统，学习不是为了探索真理，筑基扎实，仅仅是为了当下的快乐、需要或者应用。不懂数理化没关系，大人们照样大谈超弦、十一次维、黑洞、M 理论（为物理的终极理论而提议的理论）、暗物质，对好莱坞那些烧脑的科幻片津津乐道。孩子们也是如此，快乐的、自助式的学习成为备受孩子们欢迎的形式，沉默的、机械的、死记硬背式的学习让孩子们厌恶逃避。我们现在很难对科技发展引发的电子阅读、信息浏览、自媒体、聊天工具、搜索引擎对孩子成长的影响做出远瞻的分析，不管利多还是弊多，孩子们已经深陷其中。在大数据时代，信息大爆炸，孩子们不仅需要基础的课本知识，也需要勇敢地跳进广阔的信息之海扬帆弄潮。

既然不能避免，那么家长能够做什么？对拥有积极思维的家长来说，他们能从社会存在的每一件事情中看到好处，使其成为孩子成长的资源；对拥有消极思维的家长来说，每个新事物都如洪水猛兽，避之不及。如大禹治水，堵是堵不住的，引导分流才是上上之策。

第一，正确引导：5—8 岁的孩子已经开始拥有自己的电子产品，iPad（平板电脑）是最常见的，这个时候孩子的学习兴趣初起，同时家长的权威效应依然存在，准备一些寓教于乐的软件、双语教育的软件、图文并茂的游戏是可取的。切西瓜、打地鼠这样的游戏越少越好，因为机械动作看起来可以灵活孩子的手指，眼手配合，但也降低了孩子的智力。正如我反对小学生机械地抄写和背诵一样，重复的行为会让大脑处在休眠状态，不利于孩子灵动与创意。8—15 岁的孩子已经有了自主选择的能力，也容易受到同龄孩子的影响。父母需要和孩子讨论与分享一些心得，给孩子推荐一些好的网站、微博、微信公众号，帮助孩子利用网络看到更广阔的世界，扩展心智；也要鼓励孩子建立自己的网络日记，参加好的网络社区。我个人建议，小学二年级应该设立网络课程，让孩子接触网络的时候就形成一种印象，即网络是辅助学习的工具与途径，不是游戏、娱乐、聊天的玩具。初始印象极易形成固化的心理，如果孩子一接触网络就是聊天、发泄、玩游戏，那么长大后要转变心态就很难。

第二，平衡原则：电子设备替代了孩子的玩具，也削弱了孩子的社交活动，使孩子的课余生活变得单调。这些会削弱孩子的现实感知能力，孩子的成长是一步步融入现实社会，迷恋网络会阻碍孩子的社会能力。父母要温柔地坚持让孩子在学校多结识朋友，多参加各类运动，外出旅游，尤其要让孩子持之以恒地进行书本阅读。网络信息呈现的是虚拟的世界，作为平衡，订一份好的报纸或杂志是不错的选择。

第三，时间管理：为了保护孩子的眼睛，每天浏览屏幕的时间最好不要超过两小时。对时间认知的培养，当然年龄越小越好，中国人缺失精细的时间感，做事拖沓，没有计划。德国人的时间把控能力是最佳的，什么时候做什么，分成几个步骤，每个步骤用多少时间完成。他们善于把每天的工作列一个计划表，该工作时全情投入，不在工作时间就全面放松，这样更能劳逸结合。利用对电子产品的时间管理，也可以增强孩子对时间的感知。

培养孩子财商的三大途径

孩子喜欢金钱该如何引导?

我家儿子经常会和我讨价还价。例如，他会说，妈妈，我给你讲一个故事，你给我一角钱；妈妈，我帮你擦桌子，你给我五角钱；等等。我和同事说起这事，他说这孩子有经济头脑，有财商。但是我真的是担心他以后什么都以钱来衡量，为金钱所困。那么我该怎样对孩子进行财商教育，怎样让他学会驾驭金钱而不成为金钱的奴隶，失去生活的快乐和意义?

财商不是指一个人挣钱的本事，而是看一个人对金钱的态度与花钱的智慧。用最少的钱办最大的事，每一分钱都花在刀刃上，少花钱多攒钱会投资，合理利用资源去解决经济问题，等等，这才是财商高。你的孩子从小会挣钱，但这不是本事，要看他如何处理这些钱，那才是本事。如果他挣到钱就胡乱花了，那么他是喜欢钱，但不知道钱是什么。如果孩子拿到钱，能克制消费的欲望，把它攒起来，可能有三种用途：购买一个贵重的东西；喜欢手里有钱的感觉；利用钱去创造更多的钱。第一种代表对金钱的使用有计划，第二种代表对金钱具有渴望与本能的喜欢，第三种代表具有商业与金融头脑。这 3 点隐含着孩子的财富智商。如果你的孩子还小，引导他去合理管理他的资产是可取的。比如，10 岁以下的孩子年终积攒多少零花钱，父母给予他等值的货币奖励，鼓励他学习攒钱的本事。中国古代与欧洲的致富经都是少花钱，但中国经济改革后，现在的国人更奉行多挣钱。大家知道，挣钱的本事有时是天赋，有时靠机遇、关系、人脉，甚至投机取巧，这不能成为人的立身之本。何况父母难以预见孩子未来是否具有这些资源，那么培养孩子攒钱的能力就成为可行之道。

“钱多有钱多的用处，钱少有钱少的活法”，财商高不意味着都是有钱人，而是那些看起来并不富裕却在物质生活中游刃有余的人。财商高又有财富理念，并对经济有预见能力的人，很少不是富人。他们并不那么辛劳，看起来也不奢侈，但总是能抓住未来的钱。金钱如流水，关键看自己的蓄水池有多大。我有一个朋友，工薪阶层，早在 2000 年以前就不停地贷款买房子，认识她的时候她已有四套房。当时我很不理解她，认为欠银行那么多钱，睡觉会不会不踏实。她说北京的房子未来一定会涨得很厉害，没想到真的给她说对了，现在她靠房租活得非常滋润。她没有挣钱的本事，但投资的理念却相当厉害。我还有一个朋友，早年在金融界做事，赚了一大笔钱，于是他辞去了工作，一家人在郊区买了一栋别墅，过着悠闲的生活。他得意地说，每年银行利息都近百万，子孙三代都花不完。可惜不久之后银行利息几近等于零，生活开支又大，本金缩水很厉害。结果他不得不又找了份工作，朝九晚五地忙碌着。这朋友有挣钱的本事，却没有管理财富的能力，缺乏前瞻性的眼光，无法保持长久的财富自由。

培养孩子的财商有几个途径：第一，一定要孩子喜欢钱，钱这个东西也许带有灵性，越喜欢钱的人，攒着钱舍不得花的人，钱来得越快。不会攒钱的人，总觉得没有钱，钱也不喜欢来。量入而出历来是治家的原则，前提是要扛得住物欲的诱惑。第二，培养孩子对金钱的计划，一是利用力所能及的方式赚到钱，二是花钱的时候反复思量、克制，能节约就节约。西方人并不那么舍得花钱，前几年我去见一位德国朋友，他手里的摄像机还是老牌的卡带，但擦得锃亮，保养得非常好。我开玩笑地说他“out”了，他非常严肃而自豪地说：“这东西能用，为什么要换。”有些中国人财商就不那么好，每年换一次手机，电脑也常换常新。本身资源缺乏，却大力发展私家汽车，本身耕地缺乏却大力发展房地产，本身粮食缺乏却在餐桌上无休止的浪费。尤其是部分公路、地铁、机场重复建设，看起来是拉动内需，实际上是劳民伤财。第三，学习投资，父母可以充当银行，鼓励孩子存钱，并给予他利息。让孩子从小就知道钱是可以生钱的。当然，你给的利息要比银行的利息高一些，让他看到可观的回报，并告诉他这是他靠自己挣到的钱。同样，孩子需要父母提前预支零花钱时，也要孩子付出利息，以此建立财富意识。

对中学的孩子，除了这些还不够，还要灌输合法、诚信、契约以及税收的理念。在培养孩子财商的过程中，也许有的孩子会一过性地产生金钱至上的观念，不用担心。只要同时培养孩子的生活情趣，鼓励他追求高品质的人生，孩子长大后会自己平衡金钱与生活的相互关系。当然，培养财商有一个绕不开的话题就是天赋。家族中没有经商的人，不管如何培养也不如从小就在经商家庭，在金钱的耳濡目染中长大的人。犹太人的后裔大多对经商感兴趣，很有经商的天赋，我有个犹太朋友喜欢说："一分钱都不花也能做成事的人，才是成功者！"

欲望是孩子成长的原动力

孩子偷钱怎么办?

我是一位二年级男孩的妈妈。最近有件事让我非常烦恼，儿子偷拿我的钱，而且不是第一次。第一次是在去年，一天，我发现钱包里的四十元零钱不见了，开始担心是不是儿子偷拿了，心里七上八下的。等儿子放学后，我直接问他:“你拿妈妈那些钱去买什么了？”他愣了一下，诚惶诚恐地说:“买了一盘游戏光盘，分了十元给小朋友，买了点吃的，还剩了五元。”果然是他！怎么办？要不要揍他？我努力使自己冷静下来:“这是小偷的行为，你知道吗？”接着和他讲了些“小偷针，大偷金”之类的道理和典故。

后来我每星期给他五元零钱。其实在这之前他就有些零钱，是他自己赚的，每洗一次碗一元钱。后来上小学，有功课了，时间上感觉没那么充裕，就没怎么洗，结果出现了偷拿钱的问题。前天中午，我在房间午睡，听到有硬币掉地上的声音，我心一沉，难道儿子又在偷拿我的钱？我悄悄走出去，看他正躲在冰箱后面，手里拿着我的钱包。我很生气："你怎么能这样！"一个下午我都在想该怎么办，他再拿我的钱是不是我也有责任？钱包放在他随手能拿到的地方，他难以抵制这种诱惑？我没有揍他，只罚他洗一星期的碗。他爸说我这样也不对，这么轻易就放过他，以后有可能还会犯。我想知道，我到底做得对不对？该不该多给他零花钱？给多少是适当的？

一个还不满 10 岁的孩子开始喜欢钱，并且用一些幼稚的办法来拥有钱，对父母来说这既是一件让人担心的事，也是一件让人高兴的事。为什么这样说？

一个孩子能否比别的孩子成长得更快、更好，要看他对外部世界是否产生欲望，产生一种物欲或占有欲，欲望是一个人成长的原动力。父母可以和孩子讨论通过什么方式去拥有他喜欢的东西，钱只是实现欲望的工具，是一种桥梁，不要就钱的问题纠缠不清。12 岁以下的孩子一般没有管理金钱的能力，每周一两元的零花钱就可以了。如果他需要什么东西，父母应该给他机会让他说出自己的愿望，并共同讨论哪些是可以马上实现的，哪些需要等一等。或者，哪些需要父母会无条件满足，哪些需要父母会和他谈条件。比如，孩子说他喜欢某个游戏软件，朋友都有，他也想拥有，这需要几十元钱，父母可能因为游戏会影响学习而简单地对孩子说"NO"，这样做会使孩子通过正常途径来满足自己的努力落空，甚至心理受挫。孩子偷偷拿父母的钱，内心也会承受很大的道德冲突，若不是因为想得到什么东西的欲望很强，一般也不会轻易涉险。从根源上看，常常目睹父母大手大脚花钱的孩子，对金钱的欲望会大一些，因为他知道花钱可以买来快乐。节俭的家庭，孩子更知道钱的重要性，轻易也不敢乱花钱。从方法上看，父母随意放置钱会让孩子时时刻刻面临内心的冲动，可能会养成孩子乱拿钱的行为。如果父母善于管理金钱，孩子的非分之想也自然得以收敛。

如果孩子拿的钱数目不大，我个人觉得这不是什么大不了的事，只是孩子缺少正确的金钱观念，利用这件事告诉孩子如何通过正确的途径得到自己想得到的钱。不过，对 12 岁以下的孩子，最好跳过钱这个问题直接问他需要什么，由父母帮助他实现愿望。如果孩子需要电脑游戏软件，要和他讨论那是些什么样的软件，适不适合他的年龄，如果不适合，是否可以找到替代的软件。当然，如果不是暴力的，什么样的软件问题都不大。同时还要和他讨论一下如何分配自己的时间，不能因为玩游戏而耽误学习。如果游戏软件的价格较贵，还要讨论孩子应该分担的责任，比如在一定时限里减少孩子的零花钱，等等。

李子勋支招

如何引导孩子的物质欲望？

偷拿家里的钱是每个孩子都会犯的错，作为孩子的父母，首先要降低这件事的严重性，不要说那些“小偷针，大偷金”之类上纲上线的话，更不要提“偷”这个字。12 岁以下的孩子心理都很脆弱，会以为自己不是好人，形成创伤体验。现在的独生子女，普遍以为家里的就可以是自己的。对于 12 岁以上的孩子，家长可以帮助他学习对钱的管理，给他稍微多一些的零花钱，要求他建立一个账目，时不时看看，然后夸奖几句。如果管理得不错，孩子不乱花钱，可以奖励他更多的钱，让他在对钱的管理上有成就感。如果乱花钱，就克扣一些零花钱，让他觉得这样得不偿失，从而改变做法。

妈妈的问题是陷入一种文化冲突，把孩子的行为等同于大人的行为。大人们都害怕“偷”这样的字眼，孩子的行为激发了成人的焦虑。建议这位妈妈先不要忙着处理，等一等，等自己内心的焦虑平息以后，再采取合适的措施。我建议今后每周给孩子一个时间，让他说出自己有什么物质愿望，讨论哪些愿望他可以很快得到满足，哪些需要等待，哪些愿望必须具有孩子自己改变什么的先决条件（当然是让他稍做努力就能达到的）。这样，孩子可以通过正当方式实现自己的物质愿望，也就懒得再去冒偷拿的风险了。

与父母同浴，是健康的性教育吗？

父母和 6 岁的孩子同浴合适吗？

都说孩子的性观念要从小培养。可是尺度该怎样把握呢？我有个朋友，他们夫妇一直和孩子同浴。孩子如今已经 6 岁了。他们觉得这是非常好且健康的性教育方式。我却很困惑，不知道这会对孩子产生什么影响？

我们常常会说“如果婴儿刚生下来，看见人可以自由地在天上飞，他不会感到惊讶。如果你看见，就不能不惊讶”。这里有个朴素的道理，就是性观念是如何形成的。如果孩子从小就和父母同浴，对孩子的身心不会有什么影响，他会在这个过程中了解到儿童与成人、男人与女人身体结构的不同，并视这些差异是自然而然的。长大后他不会惊讶为什么男孩与女孩长得不同，女孩也不会产生弗洛伊德所说的“阴茎忌妒”。孩子 5 岁前看男女情爱、性交、怀孕、分娩的过程，让他了解生命是如何诞生的，他虽然好奇，内心却会很平静。10 岁后看就会夹杂着害羞、冲动、紧张感，内心就乱乱的。原因很简单，5 岁前接触过的大多数信息会忘掉，会潜抑下来。青春后期再接触类似信息，是一种被唤醒，或一种心理反刍的过程，孩子的内心早已有了认同，引发的窘迫、混乱就少了许多。

但我并不主张一个6岁的孩子还和父母同浴，原因也很简单，5岁以后的记忆都是可以被孩子记住的。5岁的孩子面临与父母心理分离的重要阶段，既要解决恋父恋母情结，又要形成基本的性别意识。和异性同浴会破坏孩子正常的性别意识发展过程，干扰孩子与双亲的心理分离。以为同浴可以帮助孩子发展性别意识是非常幼稚的，孩子的性别意识不只是身体性别，更重要的是心理性别。虽然5岁到11岁的孩子处在性意识的潜伏期，对亲密、身体、异性不感兴趣，而是会把兴趣投注到外部世界与学习上，但也需要一个相对单一的环境。和孩子同浴是一种心理缠绕，会妨碍孩子自然的社会化过程，也是典型的家庭无性状态，没有男女间的忌讳与界线，很难帮助孩子形成正常的性别认知和合适的性别行为。

很明显，这对父母的做法很不妥，如果说10岁以前，父母在袒露时不回避异性孩子，与异性孩子同眠同浴还情有可原的话，那么10岁以后这样做就有点儿罪不可恕了。原因是10岁后的孩子已经有了性冲突与性意识，这样做会激发孩子的亲密（乱伦）焦虑，扰乱孩子的心灵。孩子只有两条路可走：一是通过愤怒、破坏来压抑自己对父母的亲密需求，产生许多不正当的行为和学习障碍，用社会化焦虑来替代亲密焦虑；二是通过幼稚化来潜抑对父母的亲密需求，性心理重新回到潜伏期，甚至发展躯体的病态，通过疾病合理化与父母的亲密行为。

生二胎是父母的决定，而非孩子的决定

孩子反对父母生二胎怎么办?

我的儿子现在3岁，我和先生准备要一个老二，我们多次和儿子沟通，说给他生个弟弟或者妹妹好不好，他的反应都非常激烈。有时候甚至哭着说，你要是生，我就把他扔了，或者你要是把他生下来，我就把他打死。要二胎是我和先生的愿望，但我们也很在意儿子的感受，担心真有什么意外发生，请问李老师，我们应该怎样和儿子沟通这个问题，让他不排斥并能够从心理上接受我们的决定呢?

和3岁孩子讨论“要不要添个弟弟或妹妹”不是一个聪明的决定，3岁孩子的心理还处在依恋与分离期中，分离的焦虑会使他自然产生排他性。这个年龄的孩子说什么做什么还远不能对自己言行负责，父母不要拿这些本该是自己做决定的事来娱乐他。3—5岁的孩子语言能力还很缺乏，不能恰当地表达自己，喜欢用一些二分言语，如“对”“错”“好”“不好”，其实内心有很多的

想法，只是不知道如何表达。这个时期的孩子对语言的理解能力不如对语言携带的情绪的理解能力，父母越严肃认真地和他说，他就越紧张。如果告诉他爸妈准备要个小弟弟或小妹妹来陪他玩，逗他开心，也许他就没意见了。如果你说将来会有个小弟弟或小妹妹，“你得懂事了，要有当哥哥的样子，要照顾弟弟或妹妹”，他当然不会同意。

因此，3—5 岁的孩子完全可以不用提前告知，等弟弟或妹妹已经出生了，木已成舟，孩子很快会选择接受。5—9 岁的孩子有了独立意识与自我意识，提前知会他是可以的，但绝不是商量，只是告诉他父母的决定，不管他有什么意见，能解释的就解释，不能解释的，让孩子在长大过程中慢慢想清楚。当然，给予一些物质的诱惑和许诺是可以的。例如，有了弟弟或妹妹，你需要帮助妈妈，所以可以增加零花钱，或者拥有独立的卧室，等等。其实父母与孩子讨论二胎的事凸显了中国家庭关系含混，没有边界，缺乏规则。生育是父母的事情，不是孩子的事。父母担心孩子不能接受二胎，是自己缺乏信心，转移焦虑的表现，把孩子生生拉进问题的旋涡，让其不得安宁。孩子小的时候，父母既代表规则，也代表一种家庭文化传承，孩子只能跟随、学习与适应。等到青春期（14 岁）结束，家长才允许孩子选择自己喜欢的生活方式。

对青春期（10—13 岁）的孩子来说，由于他已经习惯了独生子女的生活，与父母形成了稳定的关系，突然要增加一个人，的确会有情绪反应。不过这时候孩子大了，明白一些事理，解释起来也容易成功。14 岁孩子的心已经不全在家里了，感觉多个小东西让父母忙碌，不再纠缠自己，也许心里还有几分愿意。父母可以说：等两年，你会进高中，上大学，离家，父母需要有人陪，等等。家庭教育好的孩子多会替父母着想。亲子关系紧张的家庭，孩子也许会拿二胎说事，故意对抗父母。不过，我个人觉得两个孩子不要相差太大，3 岁左右比较好，相差太小争执不断，相差太大又很难做伴，失去了二胎的意义。

二宝家庭，建立家庭规则很重要

父母如何平衡对两个孩子的爱?

我和先生都是独生子女，结婚以后我们先生育了一个女孩，现在3岁，后来又生了一个男孩，现在1岁。对于作为独生子女长大的家长，毫无和兄弟姐妹相处的经验，我们应该如何平衡给予两个孩子的爱，让两个孩子都能彼此相爱地长大呢?

其实两个娃好养，一个娃难带。独生子女政策给中国社会20世纪80年代、90年代和21世纪00年代这三十年出生的孩子的成长到底带来哪些重大影响，至今我们还没有认真地思考与总结过。在这一历史时期，最为凸显的、最为普遍的是家庭教育异化，亲子关系中有了更多的保护与替代，父母失去平常心，孩子缺乏自主空间，也没有玩伴。加上社会成功学盛行，应试教育、高考的重要性被社会过度渲染，父母对孩子的学习关注过多，孩子压力过大。对孩子的言谈举止、德行良知、自我管理方面的家庭教育却不那么在意，孩子高分低能的现象比比皆是。很多孩子童年期延长，自恋、幼稚、缺乏人际能力、也缺乏受挫经验、抗挫力差，许多孩子上了大学还需要家长管束、照顾。同时，随着国家经济发展，社会物欲横流，也造成许多孩子物欲膨胀、好逸恶劳、贪图享受、不愿承担责任。当然，自恋型发展本身不是坏事，需要孩子在自我能力发展中逐步从自恋型自我转化为成熟的自我。但由于家庭社会只重视分数，让众多各个方面能力强的孩子找不到自我的位置，从而产生了成长中的烦恼。

两个孩子的教育中最核心的是同胞友爱，这个友爱是无条件的、天赋生成的，家长需要呵护、肯定，但也不能强求。“同胞相妒”在西方心理学是一个古老的词，意味着兄弟姐妹关系中先天隐藏着竞争。弗洛伊德曾描述兄弟之间的一种反向心理：5岁的哥哥看着妈妈怀抱中刚出生不久的弟弟，心里忌妒、愤怒得要命。妈妈不在的时候，他会走上前去，非常担忧似的用手轻抚弟弟的头说：“弟弟，你千万别死掉！”中国文化秉持“人之初，性本善”，喜欢从良善的一面去阐释亲情，且多半是兄弟情深、姐妹情长、长兄如父、长嫂如母这类的主题。其实，早年下农村时，兄弟因为分家打架，亲情淡薄，老死不相往来的事并不少见。

一般而言，家里姐姐弟弟或哥哥妹妹年龄差在3岁左右的，同胞感情比较容易建立。姐妹、弟兄之间友好关系的建立就要困难一些，需要家庭恰当的引导。相差太近，竞争关系会大于合作关系，有时父母一碗水很难端平。年龄相差大于5岁的，同胞关系会相对平淡一些，原因是双方很难有共同语言，思想意识、兴趣爱好不在同一层面。小时候我家四个孩子，我最小，两个哥哥比我大很多，一个大 10 岁，一个大 6 岁，只有姐姐与我相差 2 岁。在记忆中，姐姐与我最亲近，等于做伴一块长大的。姐姐学习好，经常得到父母奖赏赞誉；我淘气捣蛋，经常被处罚批评。但我这个人从小不喜欢与人争，什么事情都可以自己找平衡，所以也不会迁怒姐姐。

要培养好的兄弟姐妹感情，最好在孩子小的时候就要建立规则。传统文化中长子长女需要承担更大的责任，分担父母的忧愁，也拥有更大的权力。通常父母有事会和长子商量，下面的弟妹没有话语权。不要片面地把西方的平等、民主、公平、公正等观念拿到家里说事，东方家庭结构很少是联邦制，更多是独裁制。家庭中等级还是要适当维持，核心就是“小的需要听从大的”。兄弟姐妹多了，有这个规则，父母就要轻松很多。不然，事事都要父母出面仲裁，父母会非常辛苦。父母只要让权，长子长女就会尽责。如果父母希望大的为小的做表率，又不给大的相应的权力，就不好办了。本来还是孩子，却需要在弟弟妹妹们面前装大人，做楷模，这绝对不是什么舒心的事。兄弟姐妹之间“尊重大的，爱护小的”，只有尊重大的才能换回爱护，这道理不言而喻。父母要注意以下几点：

一是当大的指导和管束小的时，不要轻易介入或干涉，也不要过于热心地提出建议。遇到大的对小的不公平的时候，父母也要旁观，看看小的如何应对，看看接下来他们之间如何达成妥协。遇到小的“投诉”大的，不能当面批评或指责大的，而要说：“我会找时间单独问问。”不要轻易判定谁对谁错，如果真的是大的错了，私下批评与处罚都是可以的，不要昭告天下，让大的在小的面前失去了权威与信赖。

二是寻常的家务事最容易引发兄弟姐妹对彼此的不满，我个人的建议是，预先建立一个规则，什么年龄做什么事。年龄到了小的自然替代大的去做，这样兄弟姐妹之间就很少有怨言。记得我小时候，6 岁开始倒垃圾，卖潲水，这是肥差，每天有几分钱收入；8 岁扫地，倒马桶，这让人不开心；10 岁学习担水，家里没自来水，需要在公共区买水；12 岁学习生炉子，买煤球，每月两次买煤球有五分钱奖励；14 岁协助妈妈做饭，等我 16 岁下乡时，煎炒烹炸差不多都会了。同样的事哥哥姐姐在我之前也经历过。

三是零花钱，也要建立年龄等级，3—5 岁是多少，5—8 岁是多少，8—10 岁是多少，等等，年龄越大零花钱越多。这样大的拿得多，小的也没有什么好忌妒的，只想着快快长大，可以多得点零花钱。当然，逢年过节的礼物、礼钱是要一视同仁的，礼物方面父母往往要看谁需要什么就给什么，这时不能按大小而论。

四是纷争的解决，只要在一家生活，就不可能无摩擦、无争执。关于知识、价值观、世界观、生活观的讨论要平等，不能有大小主次之分。父母要鼓励孩子们争论，但要设定规则：不能骂人、说话带脏字，不能情绪太激动，更不能动手。小时候我和姐姐都爱看书，每次书买回来，总是姐姐先看两日，然后转给我。遇到好书，心里像猫抓似的，也干过违规的事，偷偷把书藏起来，看上几章，再装着帮姐姐找到了。记得姐姐 14 岁时，二哥买了一把二胡送她，这让我心生不满，觉得二哥对我不公。等我过 14 岁生日那天，二哥送了我一把小提琴，花费他两个月的工资，一切隐藏的抱怨都化成玫瑰怒放。

良好的教养，只需三句话

孩子没有良好的生活习惯怎么办?

李老师好，我家儿子现在7岁，我想给他养成良好的生活习惯，如睡前收拾书包，吃饭要注意坐姿及餐桌礼仪等。我每天都和他强调，但是孩子还是按照自己的意愿来，总是不改，因此好的习惯总是养不成，有时候反而会增加一些新问题，为此我感到非常伤脑筋，请李老师支招。

5—10岁的确是给孩子建立规矩的最佳时间，不过建立什么规矩？如何建立规矩？父母要提前做一番思考。建立规矩不是让孩子的行为规规矩矩、服服帖帖，而是针对孩子心性的成长特征，敦促他树立好的品行。道德、良知、行为举止是家庭育儿的核心内容，古人云“修身，齐家，治国，平天下”，这里涵盖“个人”“亲情”“众生”三个层次。先做好自己，惠及家人，再福泽苍生。“达则兼济天下，穷则独善其身”讲的是立身，《三字经》中的“食不言，寝不语”

讲的是举止。古代家教重视伦理，着重在父母子女、夫妻、兄弟姐妹这三层关系，前者以孝为核心，夫妻之间是互敬互爱，兄弟姐妹间是互助关爱，从这些原则延伸出人的行为规范、言行举止。古时讲小辈对长辈的孝顺，忠、孝、廉、耻迎合王权需要，忠孝是对权力的服从。近代中国因为新文化运动，家庭教育剥离了一些愚忠愚孝的内容，像《增广贤文》《三字经》等都是中国古代编纂的做事为人的学问。当代中国的家教更重视孩子能力的发展，尤其关注读书识字的能力、考取分数的能力，传统的修身养性的家教已经荡然无存。

现在不少中国人走出国门，其行为举止让许多其他国家的人纷纷诟病。一个曾经以教育立国盛名天下的国家，今天国人的整体素质堪忧，我们是否需要为中国的教育默哀。我自认是在家教比较严格的传统家庭里长大的，还算懂规矩的人吧。但多次出国到欧洲、北美，也经常不小心就违规了，这才知道自己的修行还远远不够。后来思考了一下，感觉大的方面中国人还是不错的，错都在细节上。而这些细节凸显的是对他人不够尊重。例如，排队时站得不直，公共场所不懂避让他人，熟人插队，与人说话眼睛东张西望，穿着不整洁，在非吸烟区吸烟，住宾馆垃圾扔得不到位，自助餐夹带水果，不等待引台员自行就座，等等。这些事在中国无伤大雅，在国外却令人侧目。中国人习惯重视“我与你”的关系，指熟人之间，朋友之间；不重视“我与他”的关系，指陌生人之间，其他非相熟的人之间。西方的社会伦理以利他主义为中心，个人行为以不影响他人为前提，所以他们强调人与人彼此尊重。中国人不习惯对陌生人打招呼，这不是错，是文化使然。西方人愿意对他人主动表达善意和热情，这不是高尚，也是文化使然。但入乡随俗，到了别人的国度，还不注意细节，就是国人的不当了。

我个人觉得，中国人对孩子的家教需要有三句话：自己的事自己做好、自己的行为自己负责、尊重他人。这三句话如果在孩子心里生根，孩子会以此为原则延伸出许多好的行为规范。尤其孩子小的时候，越简单的东西越能记住，不能太零散。例如，吃饭时教育他坐好、不吧嗒嘴、不浪费粮食不是目的，教育他做好每一件事才是目的，让孩子学会做事认真的态度。如果孩子犯错，不是教育他今后不再犯错，而是教导他对自己的错误负责，自己弥补错误带来的影响。孩子一旦知道犯错的成本不小，很麻烦，他会反思下次还要不要这样干。对人不礼貌，不是教导他礼貌用语，而是要求他对人要尊重。从小记住对他人要尊重，不要给别人添麻烦，这样的孩子长大后一定是品行端正、言语谦和的人。

对 10 岁以下孩子的教育要多说好的、正面的，这样有利于孩子知道接下来如何发展。比如，“你今天可比昨天好多了，如果怎么样，那就更好了！”对做得不好的部分，家长不要总是提醒与批评，这样会强化他的问题，可以说：“你做得不错，但还不算最棒的，想知道如何做才算最棒吗？”多用肯定语，少用否定语。教育孩子切记不要带有情绪，如果仅仅因为情绪需要发泄去教育孩子，是父母失当。最重要的是父母的表率作用，孩子都是在模仿学习、习得生成中长大的，如果父母以为正确的教育就能得到美好的结果，从而不注意自己的言行，那么教育的结果也会南辕北辙。

情绪识别与自我认同——少儿期心理发展任务

少儿阶段，孩子要完成的心理任务有很多，首先是与父母完成亲密分离，这种分离代表孩子从俄狄浦斯情结中出来，欣赏并喜欢父亲，接纳在家庭中的权利，并与父母形成稳定的情感交流与言语交流模式。同时，孩子还要学习家庭的规则，并愿意按照父母引导的成长方式发展自己。如果父母按照两种模式来教导孩子，孩子也会用摇摆的应答方式来面对不同的家长。

然后，孩子开始尝试从外界（邻居、学校、社会）寻找亲密感，并试图用一种家庭似的感觉去获得安全感。孩子已经形成早期的自我感，自我感的建立是在孩子开始对自己身体感兴趣，形成一种身体边界感的时候。心与身是相对应的，身是心所依，心是身所属。孩子照镜子正是一种自我认同的开始。

这个阶段最重要的三个任务

1. 自我情绪的识别、体验与管理

孩子在 5 岁以后已经对自己的情绪变化产生好奇，家长要引导孩子解读自己的情绪类型，告诉孩子这是快乐、这是愤怒、这是敌意、这是委屈、这是伤心，鼓励孩子体验这样的情绪，并鼓励孩子与父母分享情绪的感觉。家长要告诉孩子，情绪本身是没有好与坏之分的，情绪是受身体内部心理与生理共同影响产生的。但情绪需要管理，如何适当地释放或表达自己的情绪，如何选择环境、情绪释放的程度和时间，要让孩子了解男女之间在情绪类型、情绪表达方式上有哪些不同。不要让孩子压抑情绪，或者因为家长不喜欢某种情绪表达方式，如哭、撕扯东西、吵闹、拒绝、怒目圆睁，就不管孩子感受如何，大加呵斥。先告诉孩子，我知道你很……（情绪识别），也知道你内心很……（情绪体验），不过，你可以用……（情绪表达方式）来告诉我你感觉到……（情绪），并且我已经知道你想……（情绪表达目的），那么，为什么你还要这样无休止（情绪时间）的呢？这样的一句话，就可以让孩子在一次情绪爆发中学到很多。不要让孩子误认为什么情绪是不好的，要让孩子知道，什么样的情绪表达方式是不好的。

2. 自卑与自尊、自信与不自信

这个阶段孩子的另一个重要心理任务就是社会化。社会化过程中孩子会因为社会认同的不足、竞争意识的受挫、羞耻心的产生、学习不顺利等引发自信危机。突然感觉不那么相信自己了，自我怀疑了，有些孩子的心理可能会暂时“退化”到幼年时期，更多地依恋父母，想从父母那里重新获取自信的资源和自我完美感。家长要及时鼓励孩子，给予孩子坚定的信任，并把社会化过程中的受挫看成是普普通通的事，减少孩子的焦虑。家长要努力帮助孩子寻找，建立一种个人优势，如体育、艺术、写字、阅读，不管哪个方面，只要孩子觉得他是最棒的，这样的感觉就会让孩子获得必要的自信与自尊。最糟糕的做法就是夸大孩子的缺点，或者因为孩子学习不够好而全盘否定孩子，这样会给孩子在建构自信、自尊的心路历程上增加沉重的负担。鼓励孩子勤奋学习、喜欢自己、接纳社会是很重要的。

3. 性别意识与自体性

在这个阶段要帮助孩子形成性别意识，心理学认为，这个时期的孩子处在性心理发展的潜伏期。其实，更多的资料显示，孩子在这一时期一直或多或少伴有自体性爱。他们通过抚摸自己的身体来缓解社会化过程中产生的焦虑。他们对异性没有感觉，却在同性伙伴的交往中感觉到兴奋与快乐，并激发了与同性伙伴之间的友情与亲密感。家长要告诉孩子男孩和女孩各自的行为规范及自我保护意识。

第三章

理解治愈孩子

——父母接纳是青春期的良药

很多父母焦虑，不是因为孩子犯了错误，而是认为孩子犯了一个错误就会永远这样。父母就是这样把问题无限度地扩大了，他们不知道孩子在青春期的时候，对真实世界的感觉和成年人不一样。成年人对真实的感觉是物理性的，就是实实在在的、看得见摸得到的才是真实，而孩子以为的真实可能只是感觉到的。比如说孩子觉得谁不喜欢他，那个人可能根本不认识他，但是他感觉到那个人不善，他就觉得这是真实的，就有身心反应。成年人会批判这种想法，就是那个人都不认识我，他不会对我不利，然后就把这种感觉消解掉了。但是孩子没有这个能力，所以我们说孩子的真实和成年人的真实不一样，他的真实比较软，不都是实实在在、摸得着看得见的。孩子的真实是感觉的真实，他们有很多的体验是成年人不能理解的，或者觉得幼稚的。成年人会不理解孩子们的感性，产生“他们怎么会这样想，怎么能这样做”的疑问。

青春期的孩子由于要长大，必然就要带有成长的力量，成长的力量的表达方式不一样，愤怒也算一种。如果一个孩子从小到大没有体验过愤怒，他第一次体验到愤怒，就是成长。这说明他有新的情绪了，情绪体验都是经验，如幸福、快乐、痛苦、悲伤，这些都是原始情绪。所谓原始情绪，就是和人内心深层有关的东西，一旦孩子体验到，并且能把握这种情绪，比如说他有悲伤的情绪，然后他能够处理悲伤，和悲伤能够协调，能够在悲伤的同时做他该做的事情，这就是成熟。但孩子刚开始体验愤怒的时候，他还没有这个经验，他被愤怒控制了。

孩子在体验愤怒或悲伤的时候，很多家长是恐惧的，害怕孩子有愤怒，因为他觉得孩子有愤怒是自己做得不好，这是一个投射，很多家长习惯了把孩子的问题投射在自己身上。如果父母说孩子不好，比如说学习不努力，或者淘气，或者有愤怒，或者有敌意，他会认为是教育的失当，但是没有想过每个人的成长都是不一样的。人们看起来一样，我们所关注的大多数人是这样长大的，但是我们必须还要关注到有一些人他不是这样长大的，他是靠斗争长大的，他是通过体现攻击性长大的。而我们的社会认为应该和谐、忍让，认为忍让和克己是美德。但是事实上，人群里面总有分化，有一部分人是主流，比较符合文化标定，也有另外一部分人来做一些反文化标定的事。这两部分都很重要，如果没有人做非主流文化的东西，那么主流就不能够被固化下来，因为主流要被强调才行。为什么被强调？就是因为有非主流的东西，这就是矛盾的统一。比如说班上有学习好的孩子和学习不好的孩子，学习好的孩子客观上依赖学习不好的孩子。因为一个班总是会自然地分化，必然会分化出几个学习非常好的孩子、一大群学习成绩中等的和几个学习成绩比较糟糕的孩子，看起来是这几个学习成绩比较糟糕的孩子有问题，但实际上在一个群体里面，这样的力量是自然分化的，有一些孩子就会来承担这样的角色，当然这和他的个性有关联，但并不是全部，这些孩子充当学习成绩糟糕的角色的时候，整个系统，即这个班级是非常稳定、平衡的。在这样一个平衡的系统里，老师会夸奖学习好的孩子，批评学习不好的孩子，使中间一大群人积极向上。

每一个家长都希望自己的孩子是学习好的孩子，面对这种情况，我们建议家长要有双重态度，内心认同主流文化标定，同时要考虑到孩子的利益。我们知道，让一个孩子自由成长，危险很多，他要遭到很多的惩罚。家长由于爱孩子，不可能鼓励孩子去做一些非主流的事，或者故意成为一个刺儿头、一个捣蛋分子。但是，如果家长在教导孩子的时候，内心不那么焦虑，对孩子的行为有部分认同，家长的教育就会得当，就能恰如其分。家长应该知道，孩子在这个年龄可能会犯什么错误，犯这些错误可能是必要的，要尊重孩子的个别性。当然，我们不能用绝对的话来谈这些现象，也可能我的孩子在这个年龄需要犯这些错误才能够长大，邻家的孩子不需要犯这个错误也能长大，人是不一样的。但是，家长内心有了认同以后，在帮助孩子摆脱困境，帮助孩子找到更有效的方式，或者适应社会的时候，就能比较客观，就不会教育过当，不会“扼杀”孩子。扼杀这两个字很可怕，扼杀的前提就是不能再犯，但是如果不能再犯，对孩子就是很大的压力，孩子要随时控制自己。如果孩子把精力用在对抗自己的欲望方面，在社会上的竞争力就会减弱。

事实上，好多家长并不教育孩子。过去在农村，一家七八个孩子，根本教育不过来，但是他们的孩子成长得很好，而独生子女受的教育比非独生子女的教育要多得多，但是独生子女恰恰成长得不好。过去我们总是分析，独生子女是不是被溺爱了，其实有一些不是溺爱，而是教育太多，管理太多。一个孩子，爸爸妈妈不能容忍其出错，多子女的话，老大不好，老二还可以好，爸爸妈妈内心有一个平衡，不会像对待一个子女那样，必须要成功，不然的话，爸爸妈妈的很多欲望、自我实现的东西就不能在孩子身上达成，这是很可怕的，是很大的危机。其实，爱是一方面，对于我们对孩子的爱，在孩子的有些年龄要爱得很好，比如说 5 岁前，家长要拼命爱他，怎么爱都不过火，天天抱着都可以，但是他慢慢长大以后，就要放手，让他自由成长。

勿让自己的执念伤害到孩子

爸爸妈妈不爱我怎么办?

我来自河北农村，性格比较内向，生活完全控制在父母手里（我家是君主制）。也许是因为性格的缘故，我显得很沉默，不爱说话，所有的悲伤与快乐都是一个人独自品尝。

很小的时候我就令所有的人不喜欢，长辈们对我失望到极点，经常无缘无故或是为一件很小的事情让我受尽屈辱、嘲笑和讥讽。这一点让我心痛无比。我的自尊心很强，最怕的是父母一次次地辱骂我，所以我经常在夜里独自流泪，痛哭失声，他们的不理解让我非常痛心。这倒也算不得什么，可是现在他们开始狠狠地指责我的性格，经常因为一件小事就拿我的性格不好、不适应社会来指责我，如果我不高兴，他们就说都是在教育我，为我好。他们总拿我和别的女孩相比，当然对比的主要是开朗的、会说话的，说我怎么怎么不行，他们有我这种性格的女儿经常觉得苦不堪言，甚至会说因为造孽才生下我。他们要求我活泼开朗，爱说爱笑，社交方面也要拿得出去。

其实我不是那种软弱的人，我只是什么都很信赖别人，没有主见，但是我总觉得世界上再没有谁比我更失败了。面对父母的这种爱，他们所给予我的评价，我经常觉得非常无助，我经常做噩梦，请老师帮一帮我！

从这封信可以看出，这个家庭的亲子关系比较纠结，孩子太在意爸爸妈妈的看法，爸爸妈妈又过多地介入了孩子的行为。实际上，一个发展比较好的家庭，每个人都有独自的个性，并不那么追求一致，但发展不好的家庭因为都缺乏独立的个性，就会追求高度的一致性，要求大家都一样，彼此没有界限才会让人感觉亲密。这个家庭的父母希望彼此一样，大家都纠结在一块，不要有区别，不要有差异。所以孩子表现得内向爸爸妈妈就不认同，觉得孩子应该开朗些好。殊不知越希望孩子外向，越对孩子内向行为敏感。其实孩子在某一年龄段，内向和外向是同时存在的，父母关注内向，孩子的内向就被稳定地发展了。父母也许会说："你不像我们，我们是比较开朗的，你为什么要内向呢？"如果父母内向，由于感觉内向不好，对孩子的内向就更敏感，这样做的结果就会把问题弄得很复杂。问题可能还在于父母，他们不知道每个人都会慢慢地选择自己怎么生活，或者以什么方式来生活，父母的介入干扰了孩子的自然成长，影响了孩子对自己的接纳，并削弱了孩子做决定的心理能力。

父母评价孩子的个性要非常地小心，心理学认为，亲子关系中存在一种双重束缚。什么叫双重束缚呢？比如爸爸妈妈批评孩子不开朗，导致孩子更不开朗，由于孩子更不开朗，父母就更批评他，所以孩子怎么做都不行，如果他努力地表现开朗那一面，爸爸妈妈又会说他开朗得不够，或者认为他并不是真正的开朗。父母不明白，正是他们过多的要求，才使孩子变得不开朗和内向。在这样的批评中，父母觉得是为了孩子好，孩子却感觉被伤害，在观念上是为孩子好，在心理层面却挫伤了孩子，这就是一种悖论，是亲子教育的陷阱。这样的陷阱是掩藏着的，看起来没有什么，实际上孩子时时刻刻都会体会到挫败。

很多学者强调要夸孩子，但也不能一味地夸，让孩子觉得夸奖不那么“值钱”。夸奖孩子是一个心理技术，夸奖不只是语言的夸奖，更多的是表现出美好的态度——爸爸妈妈对孩子的认同态度（如信任），对他充满兴趣，而且对孩子的存在感到幸福。如果父母喜欢说“不管你怎么样，只要你健康快乐地活着，我们就觉得很满足”。孩子就会无意识地想让父母满足，会有事没事也喜滋滋的，凡事都愿意往好的方面想。父母喜欢说“你必须好好学习”，虽然表达的是一种关心和督促，态度上却让孩子感到“如果你不好好学习，爸爸妈妈就不喜欢你”。那么，学习除了本身的意义之外，有了更多的意义与压力，孩子对学习厌烦也是早晚的事。父母无条件地接纳孩子，不管他聪明也好，愚笨也罢，孩子就会按照天赋的能力顺利发展，甚至会比别的孩子更有创造力和自我感。即使是一个非常聪明、非常能干的孩子，如果父母总是有条件地接纳，有选择地接纳，孩子就需要把自己割裂，分出什么是好的、父母喜欢的，什么是坏的、不被父母喜欢的。他就要花出精力来处理，就不可能全身心地投入到成长与学习中。那么，是不是可以无条件地夸孩子？不！孩子不能无条件地夸，夸也会夸出毛病来。夸往往也意味着在否定孩子的另外一方面。所以，接纳、欣赏孩子比语言上的夸奖要好，夸是寻求孩子与父母价值观念的一致，接纳、欣赏是可以存在双方的价值差异。语言上的表达会给孩子误解与错觉，而接纳他、信任他的态度是不容易被曲解的。

信中这个孩子说了很多父母如何不喜欢自己，其实有一个最主要的问题就是，父母总想按照自己心中的样子去塑造她，实际上是父母太喜欢她而失去了理智。我们看得出来，爸爸妈妈拼命地批评她，从爸爸妈妈内心来说是焦虑，他们觉得孩子内向不符合社会要求和人际原则，担心孩子的竞争力会比较弱，爸爸妈妈在担心这个孩子，他们是爱得过度了。他们无意识地想替代孩子去生活，希望孩子像自己这样，或者像他们心中想象的那样去生活，而忽视了孩子自身的权利。从动机上讲，这是非常好的，是爱孩子。女儿一定要觉察到爸爸妈妈不是讨厌她，不是不喜欢她，恰恰是太喜欢她才会变得焦躁不安，变得没有办法了。

这个女孩真正的问题是过度认同父母，试图让父母满足，从而忽视了自己的需要，也忽视了自己的能力。她抱怨父母是缺少对自己的觉察，其实只是她一直在让权，让父母对自己的介入太多，现在她又把全部的责任推给父母。心理医生可能会引导她意识到要摆脱困境，需要重建一种观念系统，看到自己个性中的优势，并把这封信看成是自我的觉察与分析，与过去告别，重新发展和评价自己。

有些时候，我倒是觉得孩子可以在父母面前表现得更加主动一些，让爸爸妈妈的担心减弱，给他们传递一个不一样的信息，表现出认为爸爸妈妈说的是有意义、有价值的态度。比如说，主动和爸爸妈妈交谈，谈自己的想法，或者表现出有些事情必须由自己来决断的样子，让父母听从自己的安排，让爸爸妈妈看到孩子是可以信赖的。信中谈到爸爸妈妈越批评她，她就越弱，这是一种让权，她放弃了自我的决策能力，转而依赖父母，以为这样会好，结果却更糟。她表面上一直在服从，内心却在不满、痛苦，结果是更有压力、更弱、更内向、更不能做决定了。她什么都让爸爸妈妈来决定，什么都不说，等爸爸妈妈说了她才动。这种做法看起来是顺从父母，实际上是让自己与父母卷入一种循环关系中，且越来越糟糕。结果爸爸妈妈还认为自己预见对了，孩子真的被她的内向给害了，甚至为了帮助她再加一把劲儿，火上浇油。其实孩子不是被内向害了，是被父母执着的观念害了。

帮孩子建构兴趣的乐园

儿子迷上游戏怎么办?

我的孩子现在已经上初三了，但是最近在同伴的鼓动下，开始迷上了玩电脑，整天泡在网吧，我们非常非常着急。后来他父亲害怕孩子总在网吧会结识一些不三不四的人，就给他买了一台电脑，这样孩子就不用去网吧了。但是后来，孩子的生活全被电脑占据了，他整天在电脑上玩各种网络游戏，通过网络游戏结识了一大帮网友，手机、QQ号总是不停地充值。他父亲觉得这是不务正业，于是找孩子谈话:“你玩是可以的，但要有时间观念。”还说:“我最瞧不起的就是不能管理自己的人，你应该知道现在该做什么。”但是令他没有想到的是，这次谈话以后，儿子就变得不搭理他了，交流比以前少了很多，而且还学会装模作样了。我们钥匙开门的声音一响，儿子就把电脑关了装作学习的样子，我们一走，儿子又把电脑打开开始玩。我们现在该怎么办?

一个初三的孩子，玩电子游戏肯定入迷，因为电子游戏里有快乐体验、冒险体验、恐惧体验等，现在的网络游戏做得很精美，让人如同身临其境，格斗、冒险、战略、竞技等电子游戏都让人着迷。孩子在电子游戏里可以幻想自己是英雄，是世界与命运的控制者，这正符合这个年龄段青少年的非现实狂想。人都是从自我中心发展来的，尽管十四五岁已经知道世界不是唯自己存在的，但内心仍顽固地存在一种梦想，认为自己对世界是最重要的。电子游戏让孩子重温孩提时代的梦，出现一种虚幻的自我求证，证明了自己的强大和统帅的能力。不要说孩子，在模拟世界里面驰骋疆场，杀死敌人，做从来没有做过的事，做生活中不敢做和不敢想的事，连我也一样着迷。

现在很多国家，不仅是中国，包括日本、美国都在讨论电子游戏的问题，担心电子游戏会毁掉一代孩子，希望像电影一样对游戏进行分级。为什么这么说？因为电子游戏都是大人做出来的，是一种大人的神话，电子游戏中隐含的文化观念也是适合大人的，对大人是一杯美酒，对一个未成年孩子也许就是一杯毒药。另外，每一个孩子长大都需要和环境结合，需要和同龄的孩子来往，需要到现实生活中体验各种东西，比如说到农村看看庄稼，或者跟小动物玩耍等。但现在电子游戏完全把孩子控制在屏幕面前，使他失去了很多社会实践的机会。与现实社会的接触越来越少，他的生活就越来越脱离现实，觉得周围的人跟他没关系，只有电子游戏里面的人物跟他有关系，完全生活在虚拟世界里。

很多研究青少年教育的学者也在谈电子游戏的问题，他们有三种观念。一种是对一些孩子说“不”，不让玩电子游戏。第二种观点认为，电子游戏可以开发孩子智力、滋养心灵，可以补偿孩子情绪，比如说孩子在生活中没有快乐，电子游戏会给他快乐，让生活更有意思。孩子有愤怒与攻击性，电子游戏会帮助他释放这些情绪。最后一种观点认为，电子游戏就是一个社会，在电子游戏里照样可以培养人际交往能力，提高智力等。其实，最重要的是，电子游戏世界与现实世界的游戏规则不同，可能会影响孩子的价值观系统发展。现实世界是法律与道德系统，电子游戏是强者与资源（装备、生命值）体系，取胜的方式是不一样的。

电子游戏的确有它的双面性。现代都市里自然环境很少，在这样一个社会里，电子游戏不仅弥补了部分社会功能，而且还开辟了新的规则，孩子可以在不完全符合主流道德的电子游戏里面为所欲为。很多西方学者认为，电脑道德能破坏现代人的道德水准，会让现代人以自我为中心，在道德意识方面出现问题。此外，电子游戏还给孩子带来了现实感认知问题，现在很多孩子不相信自己看到的、听到的，但相信电脑里和电视里出现的信息。所以我们必须提醒孩子：“玩虚拟电子游戏虽然快乐，但它在很多方面都会妨碍你，削减你的能力、分散你的精力，使你变成一个不现实的人，变成价值观念有些混乱的人。”

李子勋支招

怎样对待迷上游戏的孩子？

当电子游戏成了孩子生活的主导，父母可以考虑如何用别的快乐代替孩子玩电子游戏得到的快乐，让孩子拥有多种快乐。孩子除了电子游戏以外还有其他欲望，比如说运动、和朋友们玩、和爸爸妈妈交谈、学习成绩进入班上前三名等，这些快乐都是孩子需要的，就要看我们怎么鼓励。如果孩子本身不快乐，电子游戏给他的快乐太多，就容易使他上瘾；但如果孩子本身是一个快乐的人，电子游戏就不可能把他拴住，因为他的兴趣太多了，他会觉得电子游戏玩多了，别的事就做不完了，他还有很多其他的欲望。

想让孩子不完全沉浸在电子游戏里，有三个方面要考虑。

第一，要帮孩子建构更多兴趣。比如阅读、音乐、艺术；还有人际交往的快乐，比如跟邻居下下棋、打打牌，这也会增加快乐。

第二，要增加孩子某方面的优越感。我们要帮助孩子找到优越感，有的孩子在生活中一塌糊涂，谁都瞧不起他，但在电子游戏里他很厉害，他只能从这儿得到优越感。优越感是孩子成长所必需的情绪，孩子需要觉得自己还行，父母就要帮他建构自己还行的感觉。因此，家长在生活中要找到孩子的优点，培养他的优点，让他感觉自己在这方面比谁都强，一旦孩子形成了优越感，就不会那么强烈地需要从电子游戏中得到补偿了。

第三，从开始建构就要树立规则。比如说，玩电子游戏可以，但要有时间观念，周末两个小时，爸爸不仅允许你玩，而且帮你玩，跟你一块玩，给你买好的游戏资料，但是过了这个时间，就不能玩，不能开电脑，不能上网。在规定时间可以和孩子讨论，和他谈判："儿子你究竟要上几个小时网？你现在是初三，马上面临中考，你觉得几个小时比较合适？"他说 5 个小时，好，给他 5 个小时，就这么安排。如果孩子不能实现，在某个星期破坏了规则，本来应该玩 5 个小时却玩了 8 个小时，那么连续两周都不能碰电脑。父母可以通过给电脑上锁来约束孩子。

多让孩子品尝学习的甜

孩子厌学怎么办?

我现在是一名职业中学的高中生，开学以后就要进入高三了，可是这个暑假我不想继续以后的学习生涯了。我心里很乱，我的选择对不对呢？我已经没主意了。上初中的时候，我学习成绩还不错，但是上了高中，学习老是跟不上。于是我的心理防线崩溃了，开始厌学，不管是平时学习还是在大型考试上，我总是紧张不起来，好像一切都跟我没关系。前不久，我把自己的想法跟父母谈了，他们非常生气，硬是逼着我上学，爸爸还跟我讲他的老故事，一直讲到深夜。可是他说的话我一句也听不进去，从这以后我产生了更加抵触的情绪。现在我想问一问李老师，我不想上学了，我的选择对吗？如果说非要继续上学，为什么我就是不想学呢？

临床上见到的不上学的孩子，总是有一些特殊的理由，实际上这些理由没有一个可以成为不上学的理由，这是一种对自己的放弃。

有的孩子内心产生了对学习的抗拒，有的孩子只是对父母有愤怒情绪，通过放弃读书来挫败他们。他们有些时候是有意识的，有些时候可能是潜意识的。这个孩子在信上谈他的学习一直没有起色，总是学不好，所以无法因为学习而感到兴奋，一谈到学习他的整个大脑皮层都是压抑的，甚至有现实隔离感，觉得自己好像跟学习分离了。为什么分离？是因为在学习这个行为上没有得到奖励。

从行为学派的行为知识来看，一个孩子在做一件事情的时候，得到奖励就会强化这件事，会不停地想做同样的事情。如果一个孩子不管学习好还是不好都能得到心理上的支持，老师总找机会表扬他，认为他尽管在班上学习不好，但对班级非常重要，孩子也会慢慢投入到班集体当中。一旦他投入到班集体中，愿意融入了，就必然会在学习上努力，他要为班集体争光，他的学习也会慢慢好起来。快乐是人发展的动力，体会到快乐，孩子才会做下去。这个孩子在学习方面得到的快乐太少，对他来说，学习是很痛苦的事。成年人如果上班总被老板骂，再高的薪酬也会撒手不干，因为他不快乐。而孩子没有对环境的选择权，不可能轻易更换老师，更换同学，更换学校，更不可能更换父母，于是只能不去上学，或者不回家。

父母要改变自己，因为要解决孩子的厌学只能先改变自己的态度。先想想孩子厌学是否是指向亲子关系的，是否是对自己强权的愤怒。实际上，孩子不上学的时候，家庭的权力会发生扭转，很强势的父母可能会变得虚弱起来，他们不能替代孩子去学习。这时，不少家长会哀求孩子说：“我求求你，你就去上学吧！”其实这类父母应该知道，要帮助孩子回到学校，就要改变和孩子的关系。

有时，学校老师也会有不讲理的时候，当孩子抱怨老师、学校的时候，不要忙着压制自己的孩子，以为这样做就可以让孩子改变对老师和学校的态度，保护孩子。其实，很多孩子只是抱怨而已，见到老师还是毕恭毕敬的。家长应先跟孩子共情，故意问孩子要不要爸妈为你伸张正义，孩子都会说“爸妈你们不要管”。哪个孩子都不希望父母无事在学校出现，这是自尊心使然。但父母这样说，孩子就觉得父母是理解他的，他对学校的气就消了一大半，转过来想起学校的好。遇到很倔强的孩子，父母就要在认同他的同时，为他分析行为的利弊，让孩子自己选择。个别孩子闹意见不去学校，家长帮他请个假，让他泄气的行为合理化，这样他回到学校学习的道路就平坦多了。

对于引导案例中这个孩子的问题，有两个办法：

一是引导他对某一类知识感兴趣，比如对数学或文学。孩子到某个年龄段时很多都是文艺青年，对文学，如诗歌特别感兴趣，这就是学习的动力。让孩子希望发展自己，感觉知识就是力量，相信掌握了足够的知识就会变成一个厉害的人，帮助孩子建立学习的意愿。

二是培养孩子的欲望系统，这很重要，欲望往往是成长和学习的动力。例如，成为什么样的人，将来要做什么，在社会上扮演什么角色。要让他明白，并不是成绩好才能是一个有用的人，每个人都是重要的、独一无二的、被社会需要的，这样他才会顶住挫折，努力发展自己。社会是多样化的，有很多可能性和机会，关键看你的发展。让孩子找到自己比别人强的地方，让他有成就感，一旦有这样的感觉他就可以补偿自信心，内心就能平衡，他的发展就不会停滞，也不会逃避学校，放弃学习。

用自我认同和成就感缓解高三压力

高三压力太大怎么办?

我今年18岁，正在上高三。每天压力非常大，无论是学校还是家里都让我觉得很累，我觉得爸妈一点儿都不理解我，他们总以为我没努力学习，没有紧迫感，总用他们的思维看我。我对此烦死了，可他们是我的父母，我没有办法说他们，只能忍着，有时忍不住说两句，他们就说我大了，不服管了，等他们老了，还养不养活他们呀之类的话。我觉得莫名其妙，怎么会牵扯到这个呢，难道我为自己解释一下就是不孝顺吗?我真不明白他们怎么想的。还有，他们总拿别的孩子跟我比较，我最讨厌他们这样了，难道贬低自己的孩子是他们的光荣吗?我真的搞不懂。

其实我的学习还算可以，用不着这样夸张，让我都不愿意回家了，一回家就觉得脚步很沉重，甚至想离家出走。事实上，我还是很爱我的父母的，我只是受不了他们的唠叨，你能理解吗?我该怎么对待我的父母呢?请帮帮我吧，我真有些受不了了。

孩子面临高考的时候，更需要家庭提供宽松的环境，支持、认同，给孩子正面的情绪体验，比如说夸奖、表扬，尤其是其乐融融的家庭气氛，以平衡孩子在学校里紧张的氛围。

当然，从青少年整体的心理来看，青少年的学习动力不像成年人那么强，目的性、自觉性也不强，父母需要担心，也有督促的责任，但要看到孩子在成长，这些问题只是他们成长过程中的问题。大部分孩子在 16 岁到 18 岁的时候有很多的兴趣，交友、艺术、看书，不仅仅是学课本知识，他们有很多的欲望，且欲望也很分散。家长的督促可能会使他克制自己的欲望，把更多的精力放在学习上。家长可以提醒孩子，处在高考的状态下不能像平时那样过于松散，人在放松后突然要紧张地学习，需要一个较长的适应过程。所以我们主张高三的孩子不能完全放松，他应该有一点点的紧张性，要保持一种张力，这很重要，如果完全地放松，在家里面整天看电视，或者看小说、打游戏，看起来好像是为了放松，实际上可能会让自己的智力状态或身心状态出现变化，不再适应高强度或快节奏的学习了。家长适当的督促是可以的，但这种督促应该是正面体验的，能带给孩子积极的观念，让孩子听到有愉悦感，不是谴责的、批评的，而是关心的、提醒的，或者是“共情”的方法。比如孩子想玩游戏，妈妈可以说：“如果我是你也会想玩一玩，但妈妈知道这个时候玩游戏也是紧张的，闭闭眼，躺一躺也许更好。”这样的话孩子会觉得父母在为他考虑，父母了解他的紧张和疲劳，清楚他渴望放松的欲望。

常常会有考生父母抱怨，不知道是孩子在学习还是他们自己在学习，自己比孩子还着急。一般来说，家长对孩子的信任是从小慢慢建构的，这是双方面的力量，不是家长一个人的力量。比如说孩子做很多事情的时候，并没有体现他的自觉性、计划性和责任心，始终没有给家长足够的信心，家长就不敢撒手，觉得如果撒手的话，孩子大学就考不上了，对孩子的不信任、不放心就慢慢形成了。到高三的时候，看起来爸爸妈妈对他不信任是不应该的，因为高考是孩子自己的事情，应该信任他，让他有一个空间自己管理好自己，但是从连续的时间来看，如果孩子一直没有给家长足够的信任感，家长在关键时刻必然不敢放手，甚至还会再加一把劲，这是关系的惯性所致。

孩子有必要思考一下自己为什么让爸爸妈妈那么提心吊胆。如果主动表现出自觉性、自我管理性，爸爸妈妈对他的信任是否会增强。比如他跟妈妈说："我周末回来要休息半个小时，这半个小时我做什么你不要管我，过了这半个小时我会非常认真地学习。"或者说："在学校上了八节课，我回来要放松一下，可能要唱一唱，闹一闹，你们不要担心，过一会儿我会安心地学习。"如果他说到做到了，父母对他的管理自然就减少。所以信息是双方面的，首先案例中的这个孩子应该表现出自我管理的态度来，把他自我管理的方式告诉爸爸妈妈，并让父母看到效果。如果每次孩子回来就放松，必须爸爸妈妈催得不行了才去学习，那么催、唠叨就会被固化下来，他只能一直听着爸爸妈妈的埋怨。

这个孩子还面临一个问题，他反诘父母的时候，父母总是把问题上纲到孝顺，这就把一个简单的问题复杂化了。中国传统文化是以孝为先的，孝与不孝的冲突在每个人内心都很强。父母谈到孝顺的问题，实际上是一个传统问题，就是孩子应该依从爸爸妈妈，尊重爸爸妈妈，或者说不能对父母不敬，不能对父母不从，不管他们对与不对，这是传统观念。现在这一代虽然被传统文化约束了，但主张对父母孝顺也要分什么是正确的，什么是错误的，更多接受社会主流文化价值观引导的生活，不仅仅是听父母的。但孝顺毕竟也是一个道德观，虽不那么在意，仍怕人言。这个孩子的爸爸妈妈把它作为撒手锏，挫败孩子合理的要求。这样的话，父母就可以通过这种推论把不合理的事情合理化。

父母可能想当然地以为从小看老，小时候你都敢对我不敬，老了对我会更不敬。实际上，这没有可比性，孩子是否孝顺主要是看父母这方，父母对自己父母的态度决定了孩子对他们的态度。高三的孩子需要家庭的安慰，需要家庭在这个特殊的时间段里给他一个强有力的支持，他在学校已经筋疲力尽了，回到家里面就希望耳根清净些。父母只考虑自己的担忧和焦虑，不管孩子是不是需要，就拼命地说孩子，自己倒是舒服了，却让孩子非常不痛快，岂不是南辕北辙？尤其对学习不顺利的孩子，关键时刻家长不能批评，宁肯自己焦虑，也一定要给他强有力的支持，信任他，给他动力，让他觉得自己还不错，这样他的学习才能跟得上。

到了高三，老师、家长、孩子眼中看到的都是学习。因为丰富的世界已经变得黯淡和狭窄了，所以孩子能否在学习上得到认同感、成就感就变得很重要。十七八岁的孩子需要两个重要的心理体验：第一是自我认同，觉得自己不错，认为自己有自控力、自己管理自己的能力；第二就是成就感，别人觉得他不错，老师、同学、家长觉得他不错。两个心理体验对这个年龄的孩子来讲都是必需的，如果这个孩子得不到自我认同和他人认同，就会很痛苦，想逃离现实。实际上，他只想和现实离得远一点儿，并不是真正想走开，基本上所有的人都有过逃离现实的幻想。因为人的精神层面和现实总有一定的距离，每个人内心想象的东西和现实往往都会有很大的差异，这就是内心世界和外部世界的差异。内心世界相对自由，而现实中还得按照现实的原则生活。

这个孩子的父母需要做的是客观评价孩子在学校的位置。你的孩子在努力，别人的孩子也在努力，孩子可能在这样的一个团队里，他的位置就在这儿，如果爸爸妈妈总是挫败他，利用他的位置嘲笑他或讽刺他，就会使他更加沮丧，父母应该想别的办法来补偿孩子对认同感和成就感的需要。例如，父母可以把视线从孩子的位置上移开，比如说移到学习的主动性上，移到他生活中的主动性上，移到个人爱好、艺术或者个人的一些能力方面，以及对人对社会的热爱方面，尽可能去寻找可以认同孩子的地方，让孩子感觉到父母很爱他，很喜欢他，一看到他就特别愉快。这样的话，孩子慢慢从别人眼睛里看到自己可爱，也相信自己尽管学习不尽如人意，但总体来讲还是不错的，这样他才会有继续投入学习的热情。

父母要意识到，对一个可爱的孩子来说，学习只是一部分，尽管这个部分现在很重要、很关键，但就整个生命来讲它还只是一个很小的部分。如果孩子感觉到不管他的学习怎么样，他都是一个可爱的、健康的、完美的孩子，他就得到了成长的动力，最终会成长为一个有用的人。如果孩子的自我认同不能实现，家长不想办法来补偿他的心理需要，反而进一步剥削他，利用他的弱点来行使权力，那么孩子永远是一个自相矛盾的人，他的内心会分离成对立的两面，互相打仗，这边是我不学了，破罐子破摔，那边是不行，我听父母的，努力提高成绩。这两种思想总是互相斗争，精力就被消耗了，学习成绩自然没有内心没有被干扰的孩子好。

一个孩子本身在学习上很受挫的时候，特别渴望得到家长的理解、帮助、支持、鼓励，唯一不需要的是批评。他在内心已经把自己骂了很多遍了，这个时候家长若还要火上浇油，结果是使孩子雪上加霜，引发孩子在学习上的创伤体验。当然有的孩子是“响鼓要用重锤敲，越打越响”，但大部分孩子都是脆弱的，需要支持。家长不妨对孩子说：“我们觉得你是有能力的，你可以改善一下学习的方法，或者调整一下学习时间，一定能赶上去。”这样孩子就会充满新的期望、动力和信心。

即便家长想把担忧说出来，也要寻找时机，如等孩子自己度过了考试的沮丧期。孩子因为考的成绩不好或排名不好，会有一个很沮丧的过程，起码要三天以后，家长才能把自己的担心委婉地说出来，孩子才有可能接受。那个时候孩子的情绪已经调整好了，对批评不再是对立、反抗的。如果家长在孩子很懊恼的时候说，就很容易令孩子反感。反抗的结果会让孩子形成“你越说我就越不干”的想法，这样反倒不好。

学习是孩子的事，不是家长的事，尽管在东方文化里家长特别替孩子着想，在学习上也是这样，总是认为孩子就要做到这样、那样，而心理学并不认同家长的这种做法。从功利色彩来看，家长是对的，他通过逼迫孩子使孩子的学习成绩终于赶上去了，好像是帮助了孩子，但这种帮助其实只是一个短时的利益。因为它是通过挫败孩子或者使孩子失去自我管理能力来获得的，孩子必须放弃自己管理自己的机会或空间，服从家长的安排，才能得到成绩的提高。这样的提高是一个假象，不见得会使人真正获益。从实用主义来讲，父母眼睛看到的就是孩子分数提高了五分，或者排名提高了一位，看起来好像是有效的，但是把时间拉长来看，也许失去的比得到的要多。

比如说，孩子小时候贪玩，不管理自己，不想学习，后来他慢慢摸索着学会了自我管理，于是又开始需要学习了，开始想学习了。这段时间家长也一直支持他、夸奖他、赞扬他，想想这个孩子在学习上会进步得多么快。至少孩子会自然发展到一个符合并超越他智商和能力的位置，成为一个杰出的人。如果小时候就揠苗助长，替代性地剥夺孩子很多方面的能力，孩子就不太可能成长为参天大树，而是永远会是一棵弱小的小树，需要父母的荫蔽和滋养。

不要为孩子定义成功之路

有一些父母抱怨孩子对自己的要求很低，认为上大学没用，当个小老板就行了。其实我们不能说这样的孩子就不好，这和不想学习的孩子是有区别的。比如说，孩子要成为一个小商店的老板，以后做大老板，这说明他急切地想获得成功，证明自己。孩子可能认为读高中、大学，成为硕士生、博士生，出来都老了，要像比尔·盖茨一样自己创业，不明白为什么父母不能认同。这与父母的普遍性思维有关，拒绝特殊性，或者不相信奇迹，不信任孩子。同时这还和我们的社会文化有关，从有科举制度以来，大家都觉得跳龙门、中状元才是光耀门第的事情，认为每一个孩子都必须走上大学、进大企业这一条路，另外的路都是不成功的。

一个多样化的社会会提供很多成功的可能性，不仅仅是依靠读书。在美国或欧洲，很多孩子到了大学里面就开始工作，然后慢慢修学分。在北欧一些国家，有的人修 10 年才拿到大学文凭，但是这 10 年他都在工作，体验自己的生活。我们的国家越来越国际化，一个成熟的社会必然要倡导多元化成长方式，并不鼓励每一个孩子都要考上名牌大学，一定要去哈佛才有出息。这种传统文化观念给青少年带来的压力太大，杜绝了孩子的其他选择，给了父母比较狭窄的视野。家长可能有家长的理由，觉得如果孩子没有学到足够的知识，将来怎么在社会上立足？但事实上，孩子追求知识的路是永远没有止境的。一个 16 岁或 18 岁的孩子开始打工创业，也许 20 岁他会回到大学去读书，读夜大，甚至出国深造，这都是可能的。孩子在生活中遇到困难的时候，会回过头来寻求知识的帮助。

社会技能不见得是在学校里面学到的，很多技术、艺术都是社会传承的。文化多样性需要家长打开视野，衡量孩子能力的关键是要看他是在逃避还是在发展。有的孩子高中毕业以后不想马上上大学，而是想投入现实生活中去奋斗，他觉得自己充满了无限的力量；有的孩子只想躲在家里面玩游戏，不想去工作，不想去学习。家长要具体问题具体分析，如果孩子想去工作，要看他究竟为什么要工作，他是不是特别在意自己的权力，而我们是不是可以用间接的方式告诉他，其实你还是在逃避，只是你利用了这个借口。如果孩子真正有成长的计划，或者内心有一个成长的模板，家长应该跟他讨论成功的可能性：如果要成功，他还需要什么。家长要让孩子认识到他现在成功的可能性太小，他还要读完大学才行。这种方法给了孩子自己选择的机会，对孩子来说，这和一刀切的拒绝完全不一样，孩子也更容易接受。孩子想马上成功，成为重要的人，常常是欲速则不达，因为他的基础不够，他的储蓄太少，能力太差，他的理想是难以实现的。家长要帮助孩子完善他的计划，让他少走弯路。

孩子在学校有三个基本任务。第一是学习，增长知识。不管你爱不爱学，或多或少总是能学到一些东西，尤其是文字和算术，你总不能什么字都不会写，一张报纸也不能读吧。第二是学会与人交往，学校是同龄孩子聚集的地方，至少要学习和同龄孩子的交往，并通过模仿学习到父母没有教过的品质。待在家里不能锻炼社会交往能力，但过早与社会接触更不利于身心成长。第三是要学习做人的道理。学校会教导孩子成为一个有道德感的、正直的、对国家有用的、符合主流文化价值体系的人，这是为了孩子长大后能更好地适应社会。家庭和父母不管多么全能，也不能帮孩子完成这三个任务。

孩子爱美是对自己的正向认同

女儿太爱美怎么办?

最近发现女儿有一个问题，以前都是我给她买衣服，但在她进入初中二年级以后，突然提出自己想穿什么样的衣服了，而且总是说同学们也有这样的衣服，所以她也要穿。每天早晨起来，她待在洗漱间里半天都不出来，一开始我们很担心，以为她在里面是不是有什么事，后来有一次当我们推开门的时候，发现她一直在对着镜子微笑，做各种表情，给自己梳各种各样的发型。早上上学的时间非常紧张，她在镜子前面这么浪费时间让我非常生气，当时就训了她。可这并没有奏效，一个月以后，她在书房里看书，我推门进去给她送牛奶时，发现她正对着镜子咧着嘴笑。我不知道她在干什么，我非常担心，是不是女孩子进入青春期都会这样?我该做些什么才能让她把注意力转移到学习上，而不是自己的形象上呢?

照镜子有很强的心理学意义，是寻求主体（心）与客体（身）的对应。一个孩子接纳自己是从接纳自己的身体外形、面部特征开始的。对着镜子笑、扮可爱的人是成功地接纳自己或正在努力接纳自己的人。对着镜子愁眉苦脸或拒绝照镜子的人，是拒绝自己和不接纳自己的人。照镜子的象征意义是找自己，想知道“我是谁”，这是一种重要的自我意识觉醒。这个女孩从镜子里找自己可爱的样子，是在喜欢和接纳自己。有时候，年轻女孩喜欢照镜子也代表一种性意识的觉醒，意识到自己需要一些美的东西。

这位妈妈谈到孩子总是摆出各种姿势，还对着镜子笑，其实对着镜子笑实际上是对着自己笑，这是需要勇气的。我们看到很多人不敢对着镜子笑，那是他不喜欢自己，不敢认同自己，甚至有人不敢照镜子，因为他看到镜子里面的自己会很难过。太爱照镜子的人多多少少都有一点自恋，自恋是青少年必需的东西，每个孩子都是从自恋发展到去爱别人。如果她爱照镜子，说明她喜欢自己，这是一件好事。

这位妈妈把照镜子和学习对立起来了，其实这是两件事情，尽管在时间上它们可能有冲突，但就事情本身而言它们并不矛盾。喜欢自己的人更会追求完美，学习上也要比别人强。不喜欢自己的人破罐子破摔，不好好学习的可能性会更大。这位妈妈看到女儿这样做，一是该考虑给她买漂亮的衣服，考虑她的形象了；二是自己也要学着真正欣赏女儿，把对女儿的喜欢说出来。父母就是孩子的镜子，父母喜欢女儿，女儿就不会太依靠镜子找自信。因为她知道通过别人的眼睛也能看到自己的完美。

当然，在镜子面前停留太久，太过于关注自己的形象，导致注意力从学习上游移的情况并不是没有，但是我们不能因为照镜子就说孩子一定会怎么样，很多事情是并存的，并不直接存在相互矛盾的关系。

同样，照镜子也是少年心理发展的一个象征阶段，过一段时间会自己消失。事实上，妈妈的担心来源于她太在意孩子的学习，希望孩子没有太多的想法，一门心思地学习。但这是不可能的，因为现在的社会很丰富，一个十四五岁，已经上初二的女孩，正是想象力很丰富的时候，每天她大脑里都会有很多想法。这是一种适应环境的能力，缺乏想象力的人是不可能学习好的。

学习有两种思维，一种是理性的逻辑思维，一种是感性的形象思维。两种思维都好的人才可能是优秀学生，如果只有理性思维好，就可能成为书呆子。一个女孩儿在 13—15 岁的时候会发展对自我的想象、对社会的幻想、对人际的敏感，这实际上就是在发展她的感性思维能力，不用大惊小怪。

在孩子没照镜子以前，家长的语言和眼睛就是镜子，家长应该很好地使用这面镜子，经常把孩子的优点投射出来，把缺点隐藏起来。多提孩子的优点，这些优点就会被放大，孩子知道他有很多优点的话，就会变得更优秀。如果总夸奖他是一个好孩子，他的行为就越来越偏向于好孩子的行为。如果一个孩子从小就被标定为坏孩子，他的行为就越来越偏向于坏孩子，这是语言的雕塑功能。实际上，这个妈妈应该感到高兴，女孩在做作业时对着镜子笑一笑是在取悦自己，可以缓解紧张。家长需要跟孩子讲的就是要协调好时间，比如说早上起来，梳妆的时候对着镜子笑一笑，睡觉以前照一照。平时在她房间里不要放镜子，尤其是书桌上不要放镜子，因为镜子带给人很多神秘体验，很容易吸引人的注意力，与其预防，不如把镜子拿走。但家长可以在客厅里放一面大镜子，让孩子能够观察到自己的举止、面容和微笑。

在日常生活中，我们会看到父母常常拿着放大镜找孩子的缺点，希望孩子把缺点都屏蔽掉，变得越来越好。这种情况从表面上看是家长为孩子着想，实际上家长是在“剥削孩子”。家长在利用孩子发泄自己内心的情绪，包括他的社会压力、人际压力、对自己的不满意、对事业的不满意。如果家长的愤怒没有通过恰当的途径发泄，就只能在孩子身上找发泄点，通过孩子所谓的“缺点”把自己的愤怒发泄出来。这是家长依赖孩子，而不是孩子需要家长的帮助。

如果家长用成熟的眼光来看孩子，孩子总是幼稚的，总会有很多小树问题，就像大树看小树，总觉得小树长得不直或者长的位置不对。孩子从幼稚到成熟总有一个过程，不可能天生就很成熟或很完美。而且每个孩子都有自己的特点，家长不能把不同的孩子放在一起比较，每个孩子都是独一无二的。所以我觉得，从孩子小时候起就要鼓励他们信任自己，喜欢自己，认为自己很棒，这会帮助孩子度过心理困境，避免发展出自我矛盾、自我冲突的人格。

家长一定要让孩子从小到大都明白他的优点在哪儿，长处在哪儿，让他明白，不管他怎么表现家长都是喜欢他的、爱他的，他是父母的骄傲。至于他有缺点也好，有弱点也好，学习不努力也好，只是某个时间段的问题，不是一辈子的问题。在批评孩子的时候，要学会具体到某一件事情，比如说孩子做了一件错事，一定不要用“总是……”“你就是这样……”“你从来就怎么怎么……”这么绝对的词去评价他，这样的词带有全盘否定的意味，意味着“你从来不是一个好东西”。家长要说：“孩子，你是一个好孩子，好孩子不能老做这样的事。”强调他是一个好孩子，在这个定义下批评他，他比较容易接受。家长也可以说：“我知道你是一个好孩子，一个有上进心的孩子，但你在学习上没有证明自己的能力哦！”这样不会引发孩子的逆反心理，也不容易受到挫伤。家长用全面否定的话，比如“你从来都不好好学习”，或者“你根本就不是学习的料”，就会让孩子产生挫败感。

李子勋支招

镜子的秘密

心理学一直把照镜子看成是人类体验自我的重要时刻，就连猩猩照镜子都会表现出很惊讶的样子，它看到自己了。人类照镜子时产生的内心体验尤其重要，他能通过照镜子发现自我。在空谈自我时，我们并不知道自我究竟是怎样的，但如果在镜子中看到自己的话，以后对自我的想象就是以自己的形象为代表的。自我人格的发展是以身体为边界的，照镜子可以熟悉自我边界。心理医生在治疗当事人时，如果当事人不能认同自己，比如说认为自己不聪明、不可爱，挑剔自己眼睛小、个子矮、脸不是瓜子形等，在处理这些自我愤怒时，心理医生会鼓励他去照镜子，学习对着镜子微笑。通常这样的孩子不会对着镜子微笑，他照镜子的时候满脸阴沉，眼里充满挑剔的目光，他讨厌自己，这时就要让他走到镜子面前，试着面带微笑地看自己。

孩子的自我保护能力很弱，如果家长经常

用语言来挫伤他，就等于在心灵上伤害他，心灵就像杯子一样要盛满爱，盛满关心，盛满信赖。孩子小时候家长如果总是拿话去伤害他，就等于给心灵的杯子戳破一个洞，杯子永远盛不满，孩子的心永远是饥渴的，永远没有自我满足，他的生活就永远焦躁不安。孩子小的时候我们要保护他，尤其是青春期的孩子，他的自我保护能力还很弱。希望家长能注意到孩子的感觉，少提他的缺点，少说过火的话，多提他的优点和好品质。其实给自己一个微笑，就是在讨好自己，安抚自己。这个女孩儿天天对着镜子微笑，我觉得她应该是一个自我认同不错的可爱的孩子。

追星是重要的成长体验

孩子追星怎么办?

我是一个特别苦恼的妈妈，我觉得女儿最近像得了神经病一样，疯狂地迷恋上了外国的偶像明星，受到韩流、日本文化的冲击，喜欢穿大肥裤子，扎了四五个耳朵眼儿。我非常担心，孩子的审美好像也出现了问题，而且每次当电视上出现这些明星的画面时，她就在家里尖叫，有的时候整天张嘴闭嘴都是这些明星，好像如果不说这些明星，跟我就没有话讲。孩子在日记里也写着自己如何喜欢某一个偶像，达到了某种痴迷的程度。我觉得这个孩子已经“半疯”了，不知道是不是该带她看一看心理医生。其实，我知道孩子处在青春期的时候，追星或崇拜偶像都是必经的阶段。只是这个孩子的表现已经让我觉得有点不正常了。

一般来说，青少年的行为不是自我节制的，而是比较随性的。对一个孩子来说，追星表现出一种面向社会发展情感的倾向，即社会化倾向。在青少年发展过程中，把崇拜的对象从父母身上移开是重要的。假设一个孩子总是崇拜父母或者认为父母是他的权威，那这个孩子就永远不能长大，他会在父母的关怀下变得弱小。孩子到了十三四岁的时候，会挑战父母的权威，要挑战，就必然有一个力量支撑他，不管这个力量是什么。当然，过去可能是雷锋，那么现在可能就是包括影视、音乐等领域的一些偶像，这些偶像实际上是社会的公众人物，代表了主流文化或社会标榜的某种东西。例如，“韩流”和日本的一些音乐与艺术，它们代表了时尚的发展潮流。追星从本质上讲并没有什么不妥，当然我们也的确看到很多青少年过度追星：不吃不喝，半夜就去排队，甚至逃学。但是发生这种情况也并不奇怪，青少年的行为本身就带有随意的特点，有时可能会过火一点或者超出常规一点。在成长的过程中，孩子会慢慢地自我调整。

自我调整是需要孩子自己来完成的，要有一个阶段。家长可能希望孩子一夜之间就成熟，看着摸索着前进的孩子心里着急，就进行干涉了，以为这样会好些。可是我们要小心揠苗助长，好心做坏事。如果家长试图加强管理，使孩子回到过去的样子，这看起来是正确的，实际上可能会帮倒忙。从心理学视角看，家长潜在的欲望是要把孩子管住，控制住，害怕孩子自己做选择，希望什么都是父母替孩子选择。这样可能会挫败孩子自己选择的欲望，因为孩子所有的新行为、新选择都是对生活的试探，对成长的体验。如果家长不停地挫败孩子的决定或欲望，孩子最后就会放弃对社会的探索，产生对父母的心理依赖。甚至孩子在上完大学、研究生后，仍然要问妈妈我应该穿什么衣服，问爸爸我怎么和朋友相处。青少年在十五六岁时有很强的欲望，要接触很多事情，要冒险，去尝试没有尝试过的生活。这些欲望从本质上来说是好的，尽管它可能代表了一种非主流的现象，或者是一种看来不那么正确的东西，但从心理学上讲，这些都是非常有意义的，对孩子来说也是非常重要的。

对于追星这种情况，要从两个角度看。从社会角度看，国家、民族在发展，对很多事情的认同能力提高了。也许我们过去太追求一致，所有人穿一样的衣服，说一样的话，吃一样的饭。现代社会是多元的社会，可以满足所有人或绝大多数人对文化艺术的追求、对生活的享受，所以人们更加在意独特性与个性的彰显，更具人文关怀和人性的力量。从家长角度看，每一位家长都有他的价值系统，而这个价值系统并不一定和社会的发展完全吻合。这种价值系统可能来源于他的教育背景，最终投射到了孩子身上。他看到孩子的表现可能会大吃一惊，觉得这个孩子怎么一点也不像自己，担心孩子会学坏或不务正业，如过于注意打扮、戴耳环等，这不符合中国教育现状的行为规范。父母都希望自己是孩子的榜样，一旦失去榜样的作用，父母可能有一段时间心里会不适应，尤其是在看到孩子疯狂地喜欢别人时会有一种失落感。追星隐含的意义是对父母权威的否定，对社会偶像的认同，是孩子社会化的起步。

如果孩子追星，父母首先要认同他、告诉他，爸爸妈妈在这个年龄一样会崇拜一些人，只是那个时候社会上活跃的人和现在不一样，那时自己会崇拜英雄或为帮助别人自我献身的人。因为现在媒体大部分以影星、歌星为主要报道对象，孩子追星就很自然了，这是时代不同造就的差别，不是孩子思想的问题，所以家长要掌握方法，先认同，再提出建议。例如，支持孩子周六去看一场演唱会，但回家后建议他把兴奋劲儿收敛起来，安心学习。再如，允许孩子买一些歌星的CD，并选个时间一同分享，但要求他学习的时候不能听。让孩子感觉到父母是理解和认同他的，自己只要注意方法和分寸就好。

家长也可以引导孩子，让他明白追星是个人爱好和个人意愿，但在学校里，必须遵守学校的规则。如果孩子在学校里表现得不错，非常遵守纪律，不涂口红、不戴耳环。但在某个特定的追星场所，如个人演唱会或摇滚晚会，孩子穿得很前卫，言行很疯狂，这正代表孩子对环境的适应能力强，既表现出另类，又不失身份感。这样的孩子很清醒地知道自己在做什么，家长不用担心。

同样，家长应该看一看在现场惊叫、尖叫、高声喊叫的孩子，他们都是十五六岁，更大的孩子较少会这样尖叫。大学生、研究生或已经工作的人，尽管他们曾经追星，但是过了20岁以后就不那么狂热了，他们开始崇拜自己，觉得自己才是值得珍惜和喜爱的人。过了疯狂的追星年龄之后，每个孩子都会沉静下来，做一些和现实生活相匹配的事情。父母想到这一点就可以放心，即便孩子现在有点误入迷途，也是有时间性的，不会永远这样。这种疯狂的超越自我内心控制或者逃出父母管束的感觉，会给孩子的成长带来很强的动力，会让他觉得活着很快乐，非常幸福，是一种享受，这样的感受对孩子的成长很重要。一个孩子成长得好还是不好，就是看他从生活中得到的快乐是多还是少，如果他总是得不到快乐，成长的意愿就会变得很弱，如果他随时都有快乐和自我满足感，他就会觉得活着很好，并且会努力地活得更好。所以，请家长明白两点：一是追星有时间性，二是追星的体验对孩子的成长很重要。

有家长说，反对孩子追星是担心孩子不肯吃苦，害怕他以后养成爱逃避的性格。实际上，追星属于精神层面，每个人都有精神追求，现实社会不管多苦多累，只要精神是愉悦的，就能承受这些苦难。有些人能够吃很大的苦，就是因为他的精神非常坚定，他自信、乐观，能够感觉到幸福，这个时候再苦、再累都觉得没什么。

父母可以引导孩子使追星向精神层面发展而不是向躯体方面发展——高声尖叫，让孩子明白可以在这个过程中追求体验式的快乐，通过想象和歌星接近来发展自我认同。过去，我们学雷锋就是一种自我认同，追星也是这样，孩子要成为公众人物，成为榜样，成为大家喜欢的人。由于喜欢这个歌星，孩子就认为自己和歌星是一类人，所以要跟他们一样的穿着、一样的打扮、一样地去生活。家长可以告诉孩子，很多歌星的成功之路都很艰苦，他们要经过很多的磨难才能脱颖而出，不是一下就能成功的，需要一年一年地唱，一年一年地练习，最后才被认同。家长可以引导孩子学习明星对成功的执着，以此来鼓舞他们的奋斗精神。

早恋是利是弊，取决于家庭关系的好坏

女儿“早恋”怎么办？

我有一个非常乖巧的女儿，今年上高二，快要上高三了，学习成绩一直不错，形象各方面也不错，是一个很让人骄傲的小千金。可是最近我非常苦恼，她开始谈恋爱了，好像是跟一个高年级的男生，我觉得很难接受。因为高二对于女孩子很关键，如果学习落下来了，高三怎么办呢？我在找女儿谈话时，女儿会有一些非常激烈的言辞，比如我说“你这样做会耽误学习”，女儿就说：“你怎么知道一定耽误我的学习呢，他一直在帮我啊，如果说真的耽误了，也不需要你来替我承担。”但是我们做父母的非常焦虑，女儿的成绩确实是在下降，真的不像她所说的那样对学习有帮助，她以前是班里的前三名，现在几乎要跌到倒数了，而且这种情况已经持续了一两个月了。我本想顺其自然，但现在发现如果自己不去干预的话问题可能会更糟，于是我把她锁在家里不让她去上课，但是这样不仅没有起到好的作用，反而使我们母女之间的冲突越来越大。像我这样的母亲是不是很多啊？我究竟能做些什么呢？我现在都快要发疯了。

首先要弄清楚，是妈妈知道女儿交男朋友、干预女儿造成女儿学习下降呢，还是女儿恋爱导致学习下降？是女儿学习不好了，寻找原因发现她谈恋爱了，还是担心因为谈恋爱她的学习会下降？是女儿学习下滑，心境不好去寻找男朋友，还是学习很好，交了男朋友就变糟了？当然，还有一种可能性，就是女儿交友与学习下滑没有关联性，只是凑巧同时发生。这些可能性都存在，要看我们愿意选择哪种可能性来解释。选择不同的解释会引发不同的干预行为。怎么来判断解释是否正确呢？只能看干预是否有效。

现在很多孩子都在“早恋”，好像成熟得越来越早。当然早恋这个词并不科学，是一种观念的建构。我们没有办法说清楚什么是早恋，什么时候谈恋爱算早恋。从心理社会发展理论来看，恋爱是青春期过后的孩子心性成长的必然过程。说早恋不好是指早恋可能妨碍学习，早恋可能因把握不住界限而引起伤害。如果是前者，那么是社会高度重视发展孩子的学习能力，而忽视孩子其他能力发展的错；如果是后者，父母、老师为什么不去教导孩子如何健康地恋爱？

有个妈妈来找我，说 17 岁的儿子把女同学带回家，关上门不让自己进去。事后她做了很多事情来制止这样的事再次发生。例如，找女孩的家长，告知老师把他们分开，和丈夫一起责骂孩子并要他写保证书。可是她恰恰没有做最重要的事：告诉孩子两个人在一起什么可以做，什么不能做，做了可能会有什么后果；告诉儿子，聪明的孩子要如何管理自己的情感，如何让双方在彼此喜欢中获得学习的动力，如何在两人的关系中促进自己的心理成长。

谁都不敢说孩子不应该发展对异性的喜欢，但如果是女孩喜欢男孩被发现了，家里人通常会全部卷入其中，主要是担心女孩不会自我保护。男孩还好一点，有的父母会觉得男孩交女朋友没有什么，不会吃亏，只要学习不受影响，乐得睁只眼闭只眼。其实，就学习来说，常常是男孩受到的影响大。男孩会琢磨怎么去约女孩，女孩会被动一些，心思花得少一些。当然，如果遇到不爱学习的，爱学习的那一方受干扰较大。

家庭一旦卷入孩子的交友，势必造成孩子在学习上分心，因为他要花心思面对父母这一关。比较依恋孩子的父母对孩子的控制要多一些，所以干预就变得很强，这样不影响孩子的学习才怪呢！家庭关系宽松的，遇到这样的事，父母会比较开明，给予孩子必要的提醒，孩子的学习虽受交友影响，但不会再增加父母的影响。当然，开明家庭的孩子早恋也不会走极端，不会轻易做出什么事来。依恋纠结家庭或缺乏关爱家庭的孩子为了反抗（前者）、为了补偿（后者）反倒容易越界。过早卷入恋爱的孩子都有一个特点，就是家庭情感不和。例如，男孩跟妈妈的关系不好，他渴望女性的温暖，容易喜欢上一个姐姐式的、主动关心他的女孩，这是一个补偿。有补偿要求的孩子有较强的情感欲望，想得到更多，于是就会不停地促使两人关系往前走。女孩如果没有稳定的亲情，父母不喜欢她，或者父母婚姻冲突，她得不到稳定的安全感，再或是家庭分裂，爸妈离婚，女孩渴望有父爱式的关怀，就会喜欢成熟、稳重、坚定的男孩。妈妈太强大了，总是控制女儿，她早恋时会喜欢逆反、胆大、比较异类的男孩，把不敢反叛的情绪通过男朋友间接表达出来。因为她无意识地想挫败妈妈，妈妈不要她干什么，她就越要干什么，她希望妈妈认输，让妈妈不得不求她，说："女儿，妈妈求你，你不要……"当然，这样的代价有些大。

生活在一个情感良好的家庭中，女孩即便喜欢上别人，也不会走极端，不会过早与人形成依恋。为什么这样说呢？因为18岁以前女孩的初恋多少有些针对父亲的倾向，父亲如果给女儿足够的情感，女孩会形成一种情感体验的模式，当男孩做过分的事，女孩内心就会有天然的反感。另外，与父亲的情感体验也让女孩和男孩交往的时候心里很踏实。如果父女一直是对抗的，女孩在与男生的交往中会过度寻求补偿，对那个男生要求就多，控制的欲望也很强，因而自己付出也很多，越界很难避免。所以，非理性的、冲动的、不能自我控制的早恋的危险因素，还是掩藏在家庭关系里面。

李子勋支招

家长如何巧妙干预子女“早恋”

如果发现孩子早恋了，先不要忙着去制止，先观察一两周孩子的学习状况，再决定是否干预。如果决定干预，父母要商量一下，必要时演一出双簧也是可以的。父母可以故意去欣赏孩子的选择，说：“有眼光，那是很不错的女孩啊！你要珍惜她哟！要好好学习，让她保持对你的欣赏！”这是一种资源取向，凡事先看到好处，故意夸大这个好处来引发孩子从早恋中获益。对女孩，父母也可以说：“那男孩看起来没我们的女儿聪明哟，要追上我们这样骄傲的小公主，不耍点小聪明肯定是不可以的。”激发女儿对男孩幼稚敏感的理性认识，从早恋的混乱中清醒（青春期的男孩普遍比女孩幼稚）。把早恋当作一件积极的事情来暗示，目的也是让孩子利用早恋的情感来促使学习进步和心理健康发展。

如果我们觉得早恋一定会使学习下降，这种先入为主的观念不仅会毁了亲子间的交流，也会干扰孩子的内心秩序，自然危及学习。当然，每段早恋开始的时候，孩子的学习都会出现波动，往什么方向引导就是父母要承担的责任了。有时候，父母想当然地把成人的恋爱与孩子的“早恋”画等号，以为孩子会整天想着性事。孩子的早恋很像是自我认同，是一种挣脱自恋（喜欢不同性格的人）或寻找自恋（喜欢相同性格的人）的心理游戏，性欲的成分很少。一般初中生的早恋是过家家（不爱也不恋）。高中孩子早恋是寻找学习压力的缓冲、青春期反叛、自爱体验的混合物，实质是把对同性接触的依恋经验转移到异性接触（只恋不爱）。家长要不断地淡化孩子早恋中爱的意味，增加友谊或情谊的味道。

先认同孩子，孩子的防御就会减弱，这样家长更容易观察到孩子的变化，也能及时干预。干预方式有三种：

第一，可以建议女孩把对方带来家里，但一定要把对方当作孩子的异性朋友那样来接待、欣赏。通常家长与那个孩子认识，关系良好，那个孩子就会产生一种道德责任，不敢做过分的事，也怕破坏自己在对方家长心目中的印象。但如果你家是男孩，最好不要用这个办法。因为孩子的女朋友得到你们的喜欢，她对男孩的防范意识会放松，女孩的自我保护意识是使关系不会过快发展的关键。

第二，女孩的父亲要对孩子更好，更多地陪女儿，形成一种关系竞争。女儿往往更容易接受父亲给予她的情感，这也适合这个年龄孩子的心理需求（心理学认为，这样做会妨碍孩子恋爱心理的成长，但为了孩子考大学的短期利益也只能如此）。妈妈要找机会帮女儿增强自我保护意识，要侧重女儿的利益，不要强调观点。要告诉女儿什么事可以做，什么事不能做，哪些地方不能去，当发生什么重要的行为时，如何去阻止才不会伤害彼此的友谊。男孩的父亲要教导孩子负责任，加强孩子对事情后果的预见，以及什么事是绝对不能做的。

第三，西方的父母会给孩子进行避孕教育，父亲甚至会在男孩约会前为他准备避孕套。这样做多少有些默许和鼓励的意味。在东方文化下，这样做是不可取的。因为东方文化对性还是看得很重，这样的文化定势会给孩子带来很大的心理冲突和压力。但女孩的妈妈一定要告诉女孩这些知识，因为医院里少女怀孕流产的事真是太多了，很大的原因就是家长的回避，使孩子不知道如何保护自己，责任在家长，孩子不懂，家长懂，但家长却把孩子推出去了。

心理学的常用技术是淡化这次恋爱的重要性。家长可以装作会算命的样子开玩笑地说:“哎呀！你命中注定这一生会有五次恋爱的，真正的那次恋爱是在 25 岁呀。”这是一种暗示，让孩子被早恋限制了的感觉扩展到未来，想到这次恋爱并不是她爱情的全部，女孩就会重新考虑自己当前的利益，如果她觉得这个男孩就是她的归宿，女孩就愿意付出更多。

除此之外，心理医生也常常改译孩子恋爱的真实意义，说“你对那个女孩的喜欢是为了挫败你的妈妈”，或者“为了完成你与妈妈的亲密分离”，又或者“你因为得不到妈妈的关注在寻求社会补偿”，等等。这些说法会冲淡孩子爱的意识，打压他的性意识成长，让他重新审视和把关注放在妈妈身上，这都是心理干扰技术。当然，这样做可能会违背心理学上青少年心理发展的原理，不过考虑到当事人重要的利益——学习，心理理论就不那么重要了。

心理医生对不同的情景会有不同的心理策略，束手无策的父母可以考虑寻求心理医生的帮助。

换一种视角看“早恋”

其实，“早恋”是中国人创造出来的，西方从来不知道这个词，也就没有在这方面压制孩子。

心理学认为，儿童都有性欲，儿童要完成自己的性欲才能长大，这是他们的快感，他们有正常获得快感的方法，不管是身体的愉悦还是精神的愉悦，人有快乐才会活下来，不然活着就没有动力了。所以，我们并不认为一个16—18岁的孩子喜欢上异性就是不好的，这在西方是被倡导的，甚至很多书上会谈到青梅竹马的交往，让孩子从小就跟异性交往，这样很多情绪情感都能得到补偿。

当男孩处在儿童阶段，与异性玩乐的欲望跟和同性玩乐的欲望一样多；到了少年时期，他要跟男孩竞争，要跟异性在一块，你玩什么他就要玩什么，女孩玩的男孩也玩；到了十六七岁，他会对异性产生一种朦胧的好感，带有快乐的、密切的，甚至性色彩的情感。如果男孩是这样发展起来的，他不会做出什么事，他会按照年龄来完成那些属于性趋向发展的任务。

女孩在2岁时开始有性别意识；在15岁时，兴趣、穿着、打扮朝女性化发展；到17岁基本上要有女孩的整体风格，包括装饰、行为、语言色彩，这时对男生的喜好就产生了，如喜欢什么样的男孩，不喜欢什么样的男孩，她要完成这些任务。但是，如果一个女孩从小不和男生在一起，从幼儿园就受爸爸妈妈保护，不让跟男生交往，社会也不提供这种机会，甚至告诉她们不要跟男孩玩，男孩会伤害她们。这样到她十七八岁突然产生和异性交往的欲望时，她会觉得很糟糕，会有羞耻感。很多孩子其实并没有开始做什么，只因为喜欢某一个异性，就觉得这样很不对，担心影响学习，结果学习就真被影响了，精神状态也很糟糕，这是一个心理自我建构的过程。客观地说，看到自己的孩子喜欢男生，暗地里应该感到高兴，因为孩子的性别发展是成功的，没有出现问题。如果女孩 18 岁还讨厌男生，不跟男生来往，甚至穿得像男孩一样，剪短头发，搞不清楚自己是男孩还是女孩，父母才应该担心。

从中国的社会环境来讲，我们不像西方社会那样鼓励孩子早熟，或者有意地暗示孩子去做那样的事情。东方文化讲究传统、含蓄，所以家长不鼓励孩子这样做，但是发现孩子有这种苗头的时候也不要横加指责，可以说：“你开始喜欢男生了，爸爸妈妈很高兴，但是我们还不太清楚你是怎么来处理这种情感的。”这些都可以和孩子交流，如果家长持接纳的态度，女儿就愿意跟父母说，孩子总是依赖父母的，他们愿意跟父母讲。如果女儿说男孩约我到哪儿去，爸爸妈妈可以告诉她这个地方可能不太合适，也可以跟她说：“你们现在最主要的是学习，你们的交往就在学校，离开学校就各自回家（学校有老师管着）。”这样的交往适合中学生，在学校大家比较默契，互相帮助，而且彼此说说话，互相安慰，有一点亲密感，等于增加了上学的动力。你可以跟孩子讨论，但不要制止她，把她关在家里，让她保证。有些家长让孩子写保证书，保证不跟这个男孩来往，这种保证会激发孩子的愤怒，她一愤怒就会使行为失控，结果反而更糟糕。

如果家长使女孩受到创伤，也许她就会在男孩身上寻求补偿，她说家庭怎么怎么样，男孩因为内疚就会对女孩更好，关系反倒被促进了，结果一些家长担心的事情就会发生。所以，在处理这类问题的时候，如果孩子真的出现这样的情况，家长一定要用关爱把她拉回来，家长如果让孩子觉得是在管制她，反而会害了孩子，早恋很可能从本身还比较理智的状态变成不理智的状态，成了和父母的对抗，变成了战争，不仅孩子会爱得过头，学习也肯定会受到影响。

女孩喜欢一个男孩，如果爸爸妈妈觉得这种喜欢是对的，那就只是提醒她：喜欢这个男孩是可以的，但是未来还有很多不可知的东西，如你们考上的大学是不是一样，大学四年，男孩还会接触很多女孩。家长要告诉女孩这种感情是对的，喜欢他也非常好，但是喜欢不代表未来，喜欢只是现在对这个男孩很认同，跟他有亲密感。谁也不知道未来会发生什么变化，谁都不能保证什么，也许你会变化，你到了大学会觉得很多男生都比这个男生优秀。可能性很多，家长只要告诉孩子这些可能性就够了，不要说恋爱一定会影响学习，恋爱是坏事，是糟糕的事情。如果家长告诉孩子这些信息，势必引起冲突，她的内心就会产生两难，有分裂性的痛苦，或者觉得跟父母的关系变糟了，父母突然变成恶魔了。家长之前都很好，对她百依百顺，现在突然厉害起来，板着脸，孩子会焦虑，而焦虑会使她的学习成绩下降。

要提醒高中生，在这个时候学习是第一位的。我们要觉察到是青春荷尔蒙使孩子对异性产生好感，这并不是坏事。同样还要知道这个年龄的孩子容易产生一些冲突性的、体验式的、情绪化的行为。即便犯了什么错也要原谅他。父母要理解，自己年轻的时候也是从这个年纪开始关注异性的。真正的问题是：家长把孩子的情绪活动或情感活动和他的学习对立起来了，他认为孩子只要有任何学习以外的思想或爱好，都可能影响学习。学习对十四五岁的孩子来说的确很重要，但它不是全部，孩子要成长，需要发展的技能有很多，不管是行为上的、知识上的，还是情绪体验方面的，他都需要学习。因为成长不仅仅是知识的积累，还是全方位的，他的情绪或喜好都是必须要成长的，这些成长不仅不影响学习，反而是促进学习的。也就是说，一个孩子各方面都成长得好的话，他的学习自然会好，学习的成长和其他思维活动的成长并不矛盾，而是很好的互相促进的关系。

有些家长喜欢偷看孩子的日记，会因为看了日记里的某些情感活动而替孩子担心。其实，如果只是在日记里记一些东西，并没有因为这个情绪或情感发展到无法去学校、无法学习的地步，父母就不要认为这两件事情是对立的。因为对立的思维是一种简单思维，很多事情并不是互相抵消或互相限制的。对立的事物中其实都有一种并存的和谐。

父母发现孩子有情绪或情感活动的话，可以从几个方面认识这件事。

第一，要重新评价对孩子的前期印象，过去认为孩子在这方面像白纸一样，现在要重新定位。孩子开始有这方面的意识了，这标志着孩子在成长。

第二，父母要意识到孩子有这样的情感活动，但没有经验，需要指导。要想办法使孩子愿意和自己交谈这类事情，或者引导孩子谈一些关于情感成长的事，并把自己的经验和担忧告诉他。父母要寻找机会促成交流，在孩子比较盲目、没有经验的情况下给予指导。

第三，指导方式不是强行的，而是朋友式的，或者是旁观者建议。比如说，父亲在和儿子交谈时，可以讲自己的故事："我在15岁的时候，曾经喜欢一个女孩……"让孩子对情感发展形成前期预警的能力，他要知道对女生的好感会随着年龄成长慢慢淡化，可以把这看成生命中愉快的回忆，这样他就会慢慢地把自己的时间、精力、心情做合理安排。因为他知道依照爸爸的经验，年少时喜欢女孩大多是单相思，没有结果，他慢慢就会评价自己情感的重要性了。

最好不要偷看孩子的日记，从孩子的日记中，你可能会发现好多不了解的、陌生的，甚至倍感担心的一面。很多家长偷偷拿来孩子的日记，咨询心理专家，就像故事里说的擦油灯擦出一个巨人，家长不知道如何再把巨人收回去。

首先，青少年的心理体验非常直接，也非常真实。孩子成长以后开始形成自我意识，自我意识总需要客体来投射，比如说他把日记锁上或者把自己的抽屉锁上，表示这和爸爸妈妈没关系。尽管他的生活仍然和爸爸妈妈接触很频繁，但他需要保留自我，这是他成长的需求。如果一个孩子到了十四五岁还没有这样的需求，我们认为他是自我意识延迟。父母要保护孩子这样的表现，当他们产生自我的感觉时，父母应该感到欣慰和高兴。其次，父母不要轻易翻看孩子日记。青少年在日记里的话都是内心深层的东西，深层的东西不是理性事件，如果父母以自己的价值判断来看它，会对青少年表现在日记里的自由自在的想法接受不了，过于担心。其实，青少年没有社会化以前的思维活动都是比较感性的，比较以自我为中心的，或者叫情绪体验。这种情绪体验和这个阶段相伴随，比如说十五六岁很狂妄，藐视权威或者盲目崇拜权威，这肯定很不成熟，但他们写在日记里只是一种心理释放，只是把自己的情绪写下来而已。父母如果不能理解这一点的话，最好不要看孩子的日记。

父母要清楚，想知道孩子在想什么，其实是对孩子的依赖，需要通过偷窥孩子的内心来满足自己对孩子的掌控欲。如果父母要孩子所有的行为都符合他们的愿望和期待，孩子的压力就太大了。毕竟，孩子和父母成长的环境不一样，时代变了，经济状况、生存状态都变了，不能让孩子的成长完全符合父母成长的模式，必须给孩子更大的空间。关键是，父母要明白，孩子慢慢长大以后自然会跟自己不一样。

孩子发现父母偷看自己的日记，孩子也要理解。父母从动机上是想保护孩子，不是要伤害孩子或者故意侵害孩子的权益。父母对孩子的爱常是一种全方位融入，仿佛是在替代孩子生活。但如果把孩子看成或内化成自己，家长就会不允许有一些不符合自己期望的东西在孩子内心出现。一旦发现，家长就处心积虑地希望帮孩子消除掉。对孩子的这种爱有明显的双向性，一方面保护孩子，使孩子不犯错误，或者不犯大错误，一看到小的苗头就把它扼杀了，尽管不好，但实际上也有保护作用；另一方面却破坏了孩子与父母的关系，破坏了彼此的信任感，得不偿失。我们鼓励父母对孩子的心理健康发展做前期干预，对孩子的行为做一些判断，偶尔看看日记也无妨，但千万不要把日记里的事情当真。

早恋有时也是一种资源，不少有早恋倾向的孩子学习很好，两个人互相鼓励、促进，后来都考上了好大学。为什么会这样？因为紧张的学习会给孩子带来很大的心理压力，孩子总是会寻找某种发泄情绪的方式，如上网、玩游戏、运动、交友等。玩电子游戏和上网容易让孩子上瘾，而有节制地交朋友应该是一个不错的选择。孩子往往会这样：父母无论怎么纠正某个习惯都无效，朋友稍加指出，立即就改了。交朋友是孩子走向社会认同、心理社会化的重要阶段，交男女朋友，同样也是孩子性心理发展的重要阶段。从心理发展需要看，应当鼓励 16 岁以上的孩子交异性朋友，关键在于不能交坏朋友。孩子如果交了一个家庭和睦、学习好的孩子，早恋对孩子的学习并没有不良的影响，有时还会起促进作用。但如果孩子交了社会上的朋友、不爱学习的朋友，无一例外，学习都会退步。早恋中交什么样的朋友比早恋本身更值得家长关注。

警惕女孩的“替母”倾向

总控制不住批评女儿怎么办?

我女儿现在高三了，脾气很倔，有点孩子气，平时待人很好，但是一旦急了，总会不带脏字且尖刻地讽刺对方，而且通常都是和我对着互相讽刺。我也不知道为什么，无论她做什么，我都不满意。她得了“良”我让她得“优”，她得了“优”我埋怨她没得满分，她得了满分我又说题太简单了，谁都会做。她从小就在我的讽刺下长大，她的性情变得有点古怪，我表扬她的时候，她觉得比我骂她还难听。我讽刺她，她就讽刺我，于是家里总像唱大戏似的，热闹极了。有时候她心情不好就懒得跟我吵，自己闷在屋里，我不求饶她就不理我，久了她都习惯了。

以前她妈妈一出差她就住到别人家，免得吵起来没人劝。现在高三了，回家晚，她只好住在自己家里。今天她妈妈出国了，大概半个月才能回来，她送走妈妈，然后自己在房间里大哭了一场，我听着心里非常难受。有时想跟她谈谈，可是我一跟她说话，不知不觉就又吵起来了，是谁起的头我们都不知道。前几天她发烧了，我只会讽刺她不会照顾自己，一点也不关心自己的身体。她很难过，三天都没去上学了。

大多数人看完这封信会认为女儿跟爸爸好像是冤家，总合不来。但我看这封信的感觉却不是这样，我觉得女儿很爱她的爸爸，她的哭、伤心、烦恼多指向爸爸，而不是指向妈妈。她是在爱爸爸，只是不知道怎么爱，她从性格上一定和父亲很像，她跟父亲是一类人，父亲的缺点也是她的缺点。她不喜欢爸爸，也意味着她不喜欢自己，所以当扮演缓冲调和角色的妈妈离开时，她痛苦地不知所措。

从这样一个家庭环境可以看出，妈妈显然是扮演着一个大人的角色，爸爸和女儿像两个孩子。妈妈常常是和事佬，带有决定性的因素，支撑着家庭关系，孩子和爸爸在两头，实际上三个人构成了一种平衡。通常情况下，家庭里很多积攒的情绪是通过父女间的讽刺或者爆发战争来释放的，而妈妈始终表现出一种情绪稳定的样子。这个模式可能跟妈妈的个性有关系，也许妈妈是一个不怎么暴露自己的人，比较沉默，一般情况下很少表达情绪，所以孩子和爸爸就不得不偏向情绪非常外露的一面，使家庭情绪得到舒展。我们在看这封信的时候，实际上这个孩子尽管跟爸爸不和，或者看起来表面不和，但她对爸爸的关注要远高过妈妈，她只是关心妈妈，但很少付出关注。另外，在爸爸的信中提到妈妈经常出差，但没有提到爸爸工作很忙碌，不管女儿，或者像妈妈一样会因出差离开她，不在她身边。因此，女儿和爸爸经常住在一起，关系更紧密一些，所以矛盾就更多一些。在中国文化里面，打骂是一种亲密的表现，只有亲密到一定程度的时候，才可能有吵架或打架的行为发生，在陌生人或不太熟悉的人面前，大家一般是很有礼貌的、尊重别人的，但在亲密的人面前，觉得可以放任一些，可以互相讥诮、嘲弄，或者有身体接触。

分析女儿跟爸爸的矛盾，他们之所以形成这种互动，是因为双方都有情感需求。孩子想攻击父亲，攻击父亲的潜意识语言就是想跟爸爸接近，不是想把爸爸推开，真正的推开是不理睬，是不在乎爸爸说什么。但她可能有另外一个伦理冲突，因为 17 岁了，她要把爸爸推开，所以只能通过攻击爸爸来保持亲密距离。我们常无意识地做一些事情，如有些时候会莫名其妙地喜欢攻击一个人，但是仔细分析就会发现，我们实际上是喜欢他才攻击他，这在心理学上有一个名词叫作“反向作用”。反向作用就是意识到自己在喜欢，但理智告诉自己不能喜欢，无意识掩藏这样的喜欢，往往就表现出非常讨厌的样子。内心的态度（心理倾向）担心被别人看出来，就会故意否定这种态度。再如，自己喜欢权威，所以会对权威很敏感，会无意识地用一些很糟糕的语言去攻击那些权威的人，在别人看来自己是一个讨厌权威的人，但自己骨子里却是喜欢、渴望的。通过攻击别人来澄清自己的内心，压抑某种心理倾向，就是反向作用。

这个女儿对爸爸的情感就有一个反向作用。由于妈妈经常在外出差，她有“替母”倾向，觉得她在代替妈妈关心着爸爸。所以在家庭里面常常会形成一种假象，好像女儿和爸爸才是夫妻，因为夫妻之间经常争吵，但是父母跟子女是不会经常争吵的。我们说的不是那种亲密的夫妻，而是指关系意义上的夫妻。在这个家庭里，更多体现家庭关系的是爸爸和女儿，他们会为一些家庭事务争论，分享体验，缓冲情绪，释放愤怒等。这种关系会形成“压力”，对一个 15 岁以下的孩子没有什么，对一个有性觉醒的 17 岁的孩子来说，她无意识地就要“撇清”关系，不喜欢父亲是一种自我的心理防御。同样的，父亲对她的讥讽，谁说不是刻意地破坏亲密感，保持关系距离呢？其实，在这个家庭里，女儿与父亲在关系上的纠结对家庭关系有重要的平衡作用。争吵也是一种纠结，它是依恋纠结的另一面。所以，争吵讽刺的背后，其实是彼此的喜欢，父亲和女儿知道这一点会好受一些。

从另一种角度看，信中说爸爸总在考试得分上讽刺女儿，但如果我们走进这个家庭，会听到爸爸的话并不是讽刺，爸爸或许是用调侃的口气跟她说话，但女儿的内心敏感，不允许父亲对她有一点点负面评价，不管父亲说什么，她听起来都像是讽刺。所以我们不能通过一个女孩对爸爸的感觉来分析爸爸，这可能是不客观的。假定爸爸真的喜欢讽刺她，可能是爸爸习惯了用这样的方式来交流。我们只知道这个女儿内心建构了一种真实：爸爸是有问题的，爸爸不关心她。但是我们想一想，一个 17 岁的女儿还在抱怨爸爸不关心她，真正的问题应该是在女儿自己身上，是对父亲的依恋不能满足所致。

例如，信中提到一件事，说女儿发烧了，爸爸还讽刺她不会照顾自己。这句话不一定是讽刺，听起来更像是埋怨，是心疼的感觉。假如一个同事发烧了，我们不会说这些话，不会说你那么大了还不会自己照顾自己，这听起来关系太亲密了。只能说你好好休息，快去医院看病什么的。爸爸的话可以理解成关心、担忧或埋怨，怎么讲都不像是讽刺。为什么女儿觉得爸爸讽刺她呢？是因为女儿在内心建构了一种形象：爸爸总是瞧不起她，或者爸爸总是看到她的缺点，不喜欢她。这个内心的概念定式影响了女儿的知觉体验，影响了女儿对父亲语言行为的内心解释。我觉得如果走进这个家庭，会觉得爸爸内心对女儿非常喜欢，但是他无法表达，因为女儿总是防御，爸爸会觉得一般的话这个女儿都听不见，只有用比较尖锐的话来刺激女儿，才能够使她感受到。

怎么来改善这种情况呢？

女儿和爸爸形成既相互冲突又彼此依赖的关系，这是纠结。首先就要打开纠结。女儿应该减少对爸爸的抱怨，学会管理自我，同时还要学会关心爸爸和妈妈，不要把心态摆在孩子的位置上，而要摆在成人的位置。如果她永远觉得自己是孩子，爸爸应该来照顾她，就会有很多不满，她会觉得爸爸没有照顾好自己。但是如果她认为自己 17 岁是一个大人了，要做一些自己喜欢的事情，不仅要照顾自己还要照顾好家庭，她就不再期望从爸爸那儿得到很多，对爸爸的抱怨也会减少。

也有这样的可能，女儿改变了，爸爸仍然要讥讽她，仍然找女儿的碴儿，挑起争吵的话题，就说明父亲需要争吵。父亲为什么需要争吵？可能父亲内心需要释放一些情绪，比如对妈妈经常不在家的愤怒，不愿意对妻子发泄（潜在担心影响夫妻关系，或者因为家庭的经济重担靠妻子），转而让女儿来承担。还比如父亲在外受到压制但内心渴望权力，回到家对女儿滥用教育权也有可能。当然，为了让这对父女关系能够得到改善，仍用心理反向作用来解释比较好。在这种情况下，父亲其实是弱者，他的心理压力、情绪需要女儿来承担，女儿要意识到家庭需要她来承担缓冲系统的角色。

其次，事情的关键是妈妈。如果一个女孩从小和妈妈分离比较多，没有形成安全的亲密依赖，妈妈应该补偿女儿的亲密需求。表面看这个女儿很依赖妈妈，但是她对妈妈的关注并不多，起码在这封信上对妈妈的关注不多，所以她就习惯了妈妈缺席。孩子小时候妈妈的缺席重不重要？当然很重要，如果孩子在 2—5 岁之间，或者 5—12 岁之间，妈妈缺席可能会影响孩子亲密依赖的发展，孩子在亲密的关系里就没有安全感。如果她小时候妈妈没有抱她，喂她奶，哄过她，照顾过她的起居等，孩子就没有亲密关系中的安全感，跟亲密的人就容易产生隔阂，不能融洽。就如这个女孩，也许小时候跟妈妈的关系比较疏远，她不得不从爸爸那得到亲密感，但男人不容易建立与孩子的亲密，他很粗心，于是就有了孩子的抱怨。不能从爸爸那儿得到自己需要的亲密依恋，她就会产生挫败感，变得敏感，慢慢固化成一种对父亲的愤怒。所以，长大以后会觉得父亲不喜欢她。

李子勋支招

争吵的意义

看了这个案例，是不是可以说小时候和父母关系有问题的孩子在成年以后，跟别人建立亲密关系也会出现问题呢？

潜意识层面来说，这对父女的战争是有意义的。父女两人距离太近，太喜欢彼此就会激发一种伦理焦虑，这是内心禁忌。如果两个人关系不那么好，尽管身体很紧密，心理的自由就大多了。当然，这个女孩长大后，与丈夫之间的关系可能会同父亲的关系一样，这取决于她找一个什么样的丈夫。当关系过于亲密时，争吵、讽刺可以让纠结松开一些，人在婚姻中也轻松一些。

不过，我们也不能用小时候的东西来判断孩子的未来。实际上，每个孩子在成长过程中都有很多机会来改变自己，重新做决策。孩子长大以后会慢慢接受父母，原因是当时父母为孩子种植的一些观念，尽管遭受过孩子的反感、抗拒，却在孩子内心生根、发芽、开花了，很多孩子都选择了与父母相似的生活态度。所以不能说小时候和爸爸妈妈的关系不好，就一辈子不能和解。小时候被爸爸妈妈打，到了 12 岁的时候还会恨父母，到大学的时候可能就会觉得这种挨打挺温暖的，认为小时候爸爸妈妈是在教育自己。作为孩子，不管和父母的关系出现了什么样的问题，都要理解打也是一种关系亲密的结果（东方文化）。当然，现在的文化会把打孩子看成是父母对孩子纯粹的伤害，但在处理这个个案时，强调伤害可能对孩子的自我成长和更新是无效的。

解析“恋母情结”：让男孩像一个男孩

儿子总缠着妈妈怎么办？

儿子该上初三了，还是非常依恋我。以前自己没觉得有什么，可是最近听了广播节目之后心里开始恐慌，觉得儿子对我总是什么事情都说，晚上散步的时候一定要跟我一起去，有的时候甚至班里哪个女孩给他写了信，对他有好感，甚至对某个女生的评价，全部都要告诉我。我开始焦虑：担心儿子是不是有什么俄狄浦斯情结，现在儿子这么大了对我还是很依恋是不是很不合适，不知道自己究竟能够做些什么。我的丈夫有时候也很生气，说：“这孩子好像总是长不大一样，这是怎么回事呢。”我们想知道，究竟怎么做，才能让儿子成长起来呢？

回答这样的问题首先要降低妈妈的焦虑，因为妈妈的焦虑会在无形中夸大或修正心理医生回答的含意。妈妈先松弛下来，保持平常的心态，听回答时自我的东西就不会强行地介入进来。很多问题都是被关注出来的，这位妈妈听一个广播就觉得孩子出了状况，我需要给她不一样的声音。

客观地说，每个人或多或少都会遗留一点恋母情结，这是幼年时留在我们内心深层的经验痕迹。我们在成年的生活中寻求舒适、柔软、放松，都是在重温躺在妈妈怀抱里的感觉。生活中的艺术、沙发、席梦思、沙滩、温泉、风景区、游泳、衣服等，都能激发一种寻找温暖怀抱的冲动。让人们的潜意识联想到妈妈怀抱的一切事物，也被文化标定为美好的事物。所以处理恋母情结时要小心，也许你会破坏孩子永久的美感和对美的追求。

我觉得这个问题本身不是问题，是她听了一个节目，才觉得是一个问题。而且在这种前提下，我也希望她暂时不要把自己的问题看成是问题，因为每一个孩子长大的过程是不一样的。但是我们得承认，上初中的男孩通常会对妈妈出现一些排斥心理，想跟爸爸接近，有一些话愿意跟爸爸说，有一些活动要让爸爸参加，如爸爸干什么，他就干什么。但并不是说一定要这样才是对的。其实心理学家在研究家庭的时候，并不认为家庭一定要怎么样才是好的。在这个家庭里面，孩子跟妈妈比较亲近，什么都跟妈妈讲，如果这种情况并没有引起一些客观问题，如他的社会适应问题、学习问题、和爸爸的关系问题等的话，我们就不认为他一定存在着俄狄浦斯情结。这种情结的特征是有强烈的排他性，控制妈妈，拒绝爸爸。

一般来讲，男孩 12 岁就要开始接受社会的认同了，当他上了初三还总是缠着妈妈时，是不是说明孩子比较晚熟呢？也不是的，这不一定是孩子的问题。

我们在评价一个现象的时候，很容易被卷入一种现成的观念，对于这个缠着妈妈的儿子来说，似乎依恋妈妈就是孩子的问题。其实不一定的。在这个家庭里面，孩子和妈妈形成了这样一个联盟，或者叫情感联盟，就是他们经常互相分享情感，这远远超过了妻子与丈夫、儿子与父亲之间的分享。这种现象在心理学上说，可能是有双方甚至三方的原因。比如儿子缠着妈妈，可能是因为妈妈的鼓励，孩子从小就感觉到妈妈需要和一个人分享自己的情绪与观点，学会与妈妈共情的技术，无意识地觉得这样跟妈妈相处比较好，无意识地讨好妈妈，或者表达对妈妈的关心。孩子小时候就这样跟妈妈相处，分享体验，从妈妈那里获得认同和支持，妈妈因此而表扬他、鼓励他，甚至更喜欢他。慢慢地，这样的交流形成一种惯性，一直延续到孩子很大的时候。对于这种情况，只要彼此喜欢，也能从中获益，不排斥他人，就不代表孩子有俄狄浦斯情结。

现在我们来谈谈，怎样让男孩像一个男孩。

首先，妈妈要有一个回避态度，比如妈妈在和孩子交流的时候，在孩子说到某些事情的时候，可以说："等一等，这个问题你要跟爸爸讨论，不要跟妈妈讨论。"或者在孩子做比较私密的事情，尤其换内裤、上厕所、洗澡等时，妈妈要主动回避。回避会给孩子带来很多信息，如"长大了，妈妈不能像过去那样对我了，妈妈不能在床上跟我搂在一块了"，这样的信息会很自然地让孩子选择和妈妈相处的言行方式。这种选择是自然发生的，不是缺点，也不是孩子有什么弱点，而是因为家庭已经不需要孩子有这样的行为了。如果爸爸妈妈没有意识到孩子需要自我的空间或隐私，现在就该提醒自己了。

其次，这也有爸爸的原因，如果爸爸在外面很忙，他会希望孩子依恋妈妈，因为孩子一旦依恋妈妈，找爸爸就少了，爸爸的责任相应也少了，就可以安心去工作、去挣钱、去创造事业。但是随着孩子慢慢长大，任何日常发生的事物都有惯性或催眠性，让人的意识不再去思考它，这是因袭的力量。孩子在长大的过程中可能意识不到自己长大了，这个时候关键是要提醒，而不是批评，不是骂孩子，说孩子有恋母情结。这会让孩子非常困惑，他不知道昨天还是对的东西，今天怎么突然就错了，他会很失落。这时候，父母要告诉孩子，过去的方式父母是很喜欢的，现在关系需要有一些变化，父母很喜欢这样的变化，孩子也会喜欢的。当然，有时候孩子要思考是不是出了什么问题，有一些孩子还会反抗，要跟爸爸妈妈纠缠一下，试试能不能回到变化以前。妈妈要温柔地坚持，如果信息传达到了，孩子就会产生变化。大部分孩子尽管嘴上反对，甚至还会变本加厉，增加对妈妈的依恋，但内心却变得轻松起来。很难说孩子这样的依恋行为不是为了迎合妈妈，以为妈妈需要才这样做的，现在当然就可以释然了。这个变化是必然的，关键是信息要传达出来，孩子意识到了，就会慢慢朝独立的方向发展。

其实我们要看到，很多孩子与妈妈之间依恋的延长是有意义的。社会过于强调学习，忽视了孩子如何建立社会情感与独立的经验，孩子就需要与父母有更多的情感联结。当然，依恋父母会使孩子的心理偏幼稚，但是幼稚并不是都不好。适当的幼稚在一定程度上可以保护孩子，减少对社会中应激事件的过度反应。比如很多孩子由于单纯、幼稚不敢去早恋、不敢去干坏事、不敢去抽烟、不敢去打架，因为他觉得那样父母会难过伤心，这时，他的幼稚就有一种自我保护的色彩。犯罪心理学中我们也注意到，与父母有成熟依恋关系的孩子长大后很少犯侵害罪，原因是依恋会让他获得与他人共情的能力，心就软，做不了残忍的事。

李子勋支招

如何处理孩子和父母的分离焦虑？

俄狄浦斯情结是一个精神分析语言，指孩子在 5 岁前后为了对抗与妈妈的分离焦虑而激发的依恋妈妈的情结。恋母是儿童心理发展的一个必然阶段，如果在 5 岁前孩子和妈妈形成稳定安全的关系，恋母期伴随的以自我为中心的感知方式会慢慢因为身心成长，被对外部世界的兴趣取代，开始社会化过程，恋母的心理趋向也慢慢地潜抑，并在成长中转化为一种爱的动力和与人达成深层亲密关系的能力（个人观点）。如果妈妈忙着工作，忽视了孩子，或者个性比较冷，不怎么喜欢孩子，甚至虐待孩子，不能给孩子及时的照料，冷一阵，热一阵，孩子不能与妈妈形成一种稳定、温暖的关系，那么恋母阶段的心理成长就不能完成，就会形成一种心理滞留。在以后的日子里，孩子潜意识里一直会寻求补偿，甚至是过度补偿，总是渴望母爱，害怕离开妈妈、不被妈妈接纳，对妈妈的话过度认同。

也有孩子是用控制妈妈的方式来表达恋母情结。为了让妈妈变成自己需要的样子，孩子会做出一些非理性的行为，变着法子纠缠妈妈。当妈妈不愿意满足他的需求时，就仇视妈妈。同时，也会有这样的情况，妈妈过度依恋孩子，强化和鼓励孩子与妈妈保持密不可分的关系，无意识控制、压抑、挫败孩子自立的能力，让孩子离开妈妈就不行。这样的孩子在成年以后，甚至结婚生子后还需要妈妈参与自己的生活。这种情况的恋母不是纯粹心理学上的恋母，而是混杂着对妈妈的依赖和服从，内心可能有冲突与痛苦。

在上面的案例中，儿子与妈妈间的亲情更像姐弟间的感情，是一种彼此的依恋。依恋是恋母的一种正向的表达方式，这种关系并不妨碍孩子的社会生活。所以我并不认为这个孩子存在恋母情结。心理医生要看这个问题是怎么提出来的，妈妈是听广播后提出来的，那就有可能是这位妈妈对广播信息的误解。

鼓励孩子交朋友

在家庭中，父亲究竟该做些什么呢？如果父亲恰好一直工作非常忙碌，现在看儿子跟妈妈黏得很紧，可能自己也希望儿子能够跟自己亲近一些，无奈就是没有时间。这时就要鼓励孩子交朋友，与同年龄的男生多交往。社会是很大的缓冲系统，不管家庭是否存在这样那样的问题。如果孩子是面向社会的，是愿意在社会上交朋友的，他就会得到补偿，就会得到修正，会通过同龄孩子的行为来修正自己的行为。即便男孩心中没有父亲的形象，但是如果他能够在社会上结交到其他的男孩或男老师，或者去崇拜一些男性的形象，照样可以成长得很男性化。

对男孩的引导，父亲是非常重要的因素，父亲不管多忙，哪怕是国家的主席、总理，一个星期也应该至少抽出半天来陪孩子玩，记住是玩，而不是教育他。这半天完全由孩子来支配，把爸爸交到孩子手里，孩子让爸爸干什么爸爸就干什么，由此来补偿孩子对父亲的需求，这个方法是很不错的。可能会有一些父亲的的确确每周也抽出时间了，但却是在教育孩子，实际在这个时候他应该把自己完全交给孩子，陪孩子玩。

有些孩子由于被爸爸妈妈保护得太好，本身社会交往就非常少，到了青春期，甚至是十七八岁的时候，让他去结交一些同性的朋友，他仍旧会觉得很难适应。虽然很难适应，还是要适应，走路再难也得走，没有办法退。社会适应不是退回家庭就能解决的，必须要面对，要社会化，要接触社会的人，这是不可调和的，除非一辈子在家里躲着。

要是遇到孩子交朋友比较困难的情况，就要给他鼓励，要不停地说："你看那孩子不错，很像你，你们之间一定很……"有些时候家长要学会帮助孩子，把同学邀请到家里来或者支持孩子去同学家里串门。中国不是很讲究家庭聚会，西方社会孩子的交友方式很丰富，可以课外交友，也可以开 Party，组织家庭聚会。文化也是可以学习的，现在的文化都在交融，我们也主张孩子和一些同龄的孩子交往，跟同龄孩子交往会学到很多的东西，包括家庭无法给予他的东西。现在独生子女比较多，突出的问题是缺乏兄弟姐妹的情感，但这个情感在孩子的发展中非常重要，所以我们要鼓励他从社会上同龄的孩子那里获得兄弟姐妹的情感。

从父母的角度来讲，从孩子 2 岁开始就要鼓励他尊重、喜欢别的小朋友。家长应该知道，对一个孩子来说，人际交往是很重要的，除非他是科研工作者，不需要太多的交往，只要专心研究科学就行了。但实际上，大部分人都是普通人，必须学会普通人的生活技能，和人交往就是很重要的技能，从小就要开始培养。如果孩子初三还不能和别的孩子交往，家长也不要太着急，偶尔提醒提醒就可以。往往是这样，越想交朋友，越交不上朋友，顺其自然的态度反而可以交到很多朋友。当然，交朋友并不是学校生活中最重要的事。

就这个家庭来说，妈妈要让孩子意识到，他这个年龄应该把一些情感、兴趣投向家庭之外的人。妈妈把这个信息传达到就行，并不一定要疏远孩子。爸爸妈妈疏远了孩子，孩子仍然可以和爸爸妈妈保持亲密的话，那也是可以接受的。亲密的经验是学习获得社会情感的前提，孩子首先能跟爸爸妈妈建立亲密关系，才可能学会跟别人亲密，这是很重要的。

用强有力的兴趣支撑自己走过困境

陷入困境怎么办?

我从小就生活在单亲家庭里，可以说从小我的心灵就孤单、寂寞，很少有人爱我，在心灵最深处我总是抱怨为什么我会来到这个世界上。伤心的时候，作为男孩子的我，总会躲着，非常伤心地哭，从来不愿意让别人看到。

一直以来，我都是一个家庭服务员的角色，爸爸身体非常不好，年老体衰，家务都是我做。爸爸又找不到好的工作，我们家的经济更加拮据，总是处在雪上加霜的窘迫里。在意识到这样的处境之后，我拼命地学习，但忧愁总是缠绕着我，成绩也总不好，无论在家里还是在学校，都一样令我烦恼。在家里，当我向父亲要钱的时候，父亲总是唠叨我这不好、那不好，乱买东西，总是骂我骂得翻天覆地，说我是无用的人，我的心就像被插下了一根铁棒，感觉非常沮丧。我经常会怨恨父亲，因为他给了我非常消极的影响，可我还是深深地爱着他，总是为他着想，虽然这种感情从来都是隐蔽的。

在初中学习遇到挫折时，我总是默默地去奋斗，但成绩一直在下降。我并不害怕别人不重视我，我害怕的是会对不起父亲。我该怎么办呢？在学校里我不喜欢跟同学交往，有的时候我能够开朗起来，但有的时候又非常压抑，我是不是有毛病呢？我在伤心的时候没有人关心我，我恨透了自己这样的生活绝境，我不知道在这样的现状当中，我是能够交朋友呢，还是能够把学习成绩提上去。

对这个男孩而言，很多困难要看我们怎么对待，如果把它看成挑战、锻炼、经验，就能够培养生活的能力，面临的问题就不是问题。也可以把这个问题看成是很大的障碍，爸爸的身体不好，挣不了更多的钱，生活境遇不好，就会让自己失去自信与自尊，万般烦恼和焦虑。

解决困境的关键在于态度，认为问题是什么，它就会为我们显现什么。事实上，很少有成功人士小时候非常顺利，他们回忆早年时，都会对曾经经历的苦痛困境表示感谢。没有那段让人困窘的日子，自己也不会学到坚强和坚韧，这是不良境遇送给人的很好的心理能力和环境适应能力。看看那些知名的科学家、哲学家、政治家，他们年轻时往往都经历过痛苦，没有父爱、饥饿、流离失所、亲人分隔等。痛苦常常使人觉醒，给人以力量，也让人奋进。因为人的欲求有一种张力，当欲求被满足的时候，人是比较松弛的，没有进取心的。这就是富裕的家庭不要全方位满足孩子的物欲，要让孩子处在欲求不满中，促使他为自己奋斗的原因。欲求不满的孩子会思考自己要做什么，能做什么，未来要成为什么人。如果从小生活顺利，就很少会思考这些有意义的问题，这种思考正是对成长的激励。

这个孩子正处在困境中，看不到困难中蕴含的积极意义。如果只被困难的消极意义控制，孩子就会自暴自弃，放任自流，不好好学习，放弃责任，想怎么生活就怎么生活，还以为那才是摆脱困难和痛苦的方法。如果这个孩子知难而进，环境越艰苦，越管理好自己，过更有效率的生活，那么他将能够利用困境实现对自己的激励，一步一步实现人生的目标。这要看孩子自己如何选择。

我们可以看出这封信有一种忧郁的味道，一个男孩写这样的信，像在自我觉察，他在分析自己。从信里可以看出他是很压抑的，没有情绪释放的时候，不能放开自己，不能忘情地大声喊叫或开怀大笑。对这样的孩子我常常鼓励他建构一个强有力的兴趣来支撑自己，兴趣可以是体育运动，也可以是文艺爱好或者是对艺术的追求。兴趣是一个可靠的朋友。当然，他也可以克服自卑，与同学建立友情，维持对社会的接纳与信任。如果什么兴趣都没有，也没有朋友，就失去了心境缓冲的资源。一旦他喜欢某种运动、知识，或者有某种特定兴趣的时候，他的生活就会开始舒展开来。

当然，在读书的时候，孩子不一定适合广泛社交。有的孩子因为太孤独、太压抑就去找朋友，学习好的同学不愿意过多交往，所以一般只能找到学习不好的同学，或者是不读书的社会青年做朋友，那一部分人可以天天陪着他玩，但是这样的玩有一种麻醉感，会让他越来越脱离学生的生活。所以建议在学校的时候，不妨用对运动的兴趣来补偿，一方面可以在运动中疏解郁闷，得到快乐的体验，产生幸福感；另一方面又会因为多了一门技术而增加自信。当然，学习与交朋友并不矛盾，两者的共同点就是可以确实地促进学习进步。

怎么跟父亲相处呢？

父亲有病闲在家里，只能对孩子发脾气。如果孩子能理解到，这种发火是父亲的一种心理需要，对他的身体康复有好处，孩子的内心就要好受一些。人与人之间往往关系越好，距离越近，越容易彼此伤害。我觉得首先要把自己不好的感觉告诉父亲，在父亲批评或无端埋怨的时候，跟他说："你心情不好让我很难受，我听到你说这样的话感到很不快乐！"不要说父亲错了，不要在是非上跟父亲争吵。孩子如果想让父亲改变态度，关键是要直接把感受说出来，让父亲知道孩子的感受。如果父亲是爱孩子的，下次发火就会有所收敛，因为人都有共情能力。

很多家长骂孩子的时候，是因为看到孩子没表情、没反应、无所谓，所以就一句话说得比一句话重，越来越厉害，直到孩子发脾气了他才收口。但如果孩子一开始就跟父亲说"我很痛苦，我不快乐，我觉得你不理解我"，就不会吵下去，因为这种说法不是批评。相反，孩子要是说爸爸说错了，爸爸就会强调，"我说错了吗，你上次干什么事情是不是也这样呢，你那次也是什么什么样的"，争吵就会继续。所以孩子一定要把感受说出来，让父亲能够体会到，这样父亲才会慢慢学会跟孩子说出有分寸的话。

李子勋支招

如何将单亲的伤害降到最小？

生活在单亲家庭，孩子的人格发展或心理建构会不会出现问题？如何避免？

很多专家认为，单亲家庭的孩子由于家庭结构不完整，长大后会出现一些问题。就如这个案例中的孩子，他缺少母爱之类的关怀，今后在和女性的关系或情感方面可能会出现一些麻烦。但是，这种可能并不一定会发生，因为社会是一个资源系统。这个孩子没有妈妈，但是他有女老师，有像家长似的女邻居，他可以通过这些资源来补偿情感。而且父亲在没有妻子的时候还有代替妈妈的功能，可以缝缝补补，给孩子做饭。所以我们不能绝对地说单亲家庭的孩子一定会受到伤害，受到负面影响。当然有些孩子会受到影响，但是大部分孩子仍然会正常、健康地发展。客观地说，这个孩子在没有妈妈的环境中长大，父亲又多病，他的性格可能会变得像女孩一样多愁善感，原因是两个太男子气的人是难以共同生活的。人的性格具有一种社会性和环境性，这是互动的需要。我们在男孩的信中也感觉到了这种比较细腻的、婉转的惆怅。但这并不一定会影响到他以后的幸福。

在欧洲和美国能看到很多单亲家庭的孩子生活得非常幸福，没有出现被大家认同的“单亲问题”。我们的文化喜欢给事物下定义，尤其是新事物。单亲家庭作为一种新的家庭形式，并没有真正的问题。但文化假定没有父亲或妈妈的孩子心理会有缺陷。由于文化压力，很多单亲的孩子变得不正常。

那么，什么样的单亲家庭会给孩子带来心理困境呢？如果单亲一直处在对婚姻的抱怨里，离婚以后心并没有离，还在不停地抱怨离开家庭的那个人，比如逼迫孩子去仇恨他的亲人，这种情况下孩子会受到心理创伤。如果一个亲人离开以后，家庭还是接纳他的，宽容的，鼓励孩子和离开的亲人继续交往，协助对方尽养育孩子的责任，对孩子的伤害就会很小，甚至没有伤害。

协调父母关系不是孩子的责任

父母闹离婚怎么办?

我现在已经高三了，再过九个月就要高考了，不过家里的气氛实在是糟糕透顶。因为爸爸爱喝酒，每次喝完酒，不是半夜回来，就是回到家里撒酒疯，要么就是干脆不回来。他撒酒疯的时候，让我们做这个、做那个，在家里大喊大叫，弄得我心惊胆战的，心里不能平静，为此爸妈也经常吵架，这已经不是一天两天的事了，已经有很多年了。

最近事情似乎变得更严重了，爸爸妈妈之间好像出现了第三者，应该也有一段时间了吧，可能是从爸爸撒酒疯开始的。因为我明年要上大学，妹妹要上高中，所以妈妈不久前决定开一个个体商店赚钱供养我们，为此向银行贷了一笔款。刚营业不久，他们之间就有了第三者。现在离婚的话，在贷款的财产分割方面有一定的复杂性。再说即使离了婚，我爸爸也会整天到我妈妈开的商店里闹，把客人赶走，这样一来，我妈妈就很难照顾我们两个。再加上爸爸不肯离婚，不能控制自己，又不愿意待在家里，由此引发了种种矛盾。每天他们要么在家里开打，要么就分居不说话。我在这样的环境当中只能忍着等事态平息，不过平息一阵子又会开始。

作为女儿，我非常希望他们能继续在一起生活，但是我现在读高三，这样下去我一点学习的情绪和自信都没有了，所以我想让他们分开，离婚算了，因为他们之间的信任已经打碎了，打碎的信任是怎么也挽回不了的，不过因为面子，我也迟迟犹豫着没有对他们说。我不知道应该以什么样的方式说服他们分开才是最好的。

这个家庭的确是出现了非常严重的问题，父母在闹离婚，孩子又面临高考，还有一个妹妹要考高中，孩子觉得很困惑。事实上，为什么这个问题要由孩子来解决呢？这不是她的事情，这是父母的事情，她马上要高考，妹妹要中考，这两个孩子不应该卷入夫妻的纠纷。她应该把自己的位置摆清楚，自己只是一个孩子，不能够替代这个家庭去做决定。例如，她在信的后面说，她要怎么来劝他们分开最好，这件事情是不能做的。为什么不能做？如果你劝爸爸妈妈离婚了，你的一生都会有一个阴影，你会觉得是因为你，爸爸妈妈才结束了婚姻。

表面上看，现在的情况是孩子在高三学习压力大，家里太闹了，希望能平静一些，总觉得父母之间好像没有办法挽回了。但这只是孩子的观点，对一个 18 岁的孩子来讲，会认为婚姻应该是完美的、没有争斗的、平衡的。但实际上，所有的婚姻都是现实的，都会有争吵、冲突、矛盾，婚姻有些时候就是在矛盾中存在的。孩子不能认同现在的婚姻，和自己的年龄有关系。实际上，不管是家里出现第三者，还是爸爸酗酒，这些问题可能在很多家庭都存在，是不是一定要破裂、一定要离婚，我觉得这是大人的事，不是孩子应该考虑的问题。当然，如果她担心爸爸妈妈离婚，想做一些事情让父母和好，可以通过努力学习和优秀的表现来让父母感觉虽然婚姻不快乐，但他们养育的孩子是很棒的，给父母的婚姻增加了积极的感受。

在婚姻里，没有一个客观的标准说怎么样就叫好，怎么样就叫不好。另外一个人如果本身个性有问题，且带到了婚姻里面，不管是嫁给谁还是娶了谁，婚姻仍然会是那个样子，很难说是对方不适合你，还是你本身的个性不适合结婚。这个女孩说，好像爸爸酗酒是这个家庭矛盾的主要原因。实际上，爸爸酗酒的原因也是很难说清楚的，他为什么要用酗酒来面对妈妈？为什么他只有酗酒以后才能大吵大闹，清醒的时候，无法去面对妈妈？其实，很多问题都是父母自己的问题，孩子不知道，或者不能真正理解爸爸酗酒的痛苦。

当然也有一种情况，就是父亲有依赖性人格，或者过于自卑，他必须通过酗酒让自己感觉到快乐。很多社交恐惧的人会通过酗酒让自己觉得社交并不可怕，他可以和人交往。但更多的人是因为个性怯懦，要通过喝酒来让自己变得强大。比方说信中提到的父亲，他每次喝了酒以后，就对妈妈喊叫，或者对孩子们喊叫。我们要考虑到，可能平时这个父亲当得很窝囊，他不像一个父亲，所以酒只是他的一个武器，可以让他的人格发生变化，变得不那么压抑。不能说所有的问题一定都是从爸爸酗酒开始的，分析一个家庭时要想到很多方面，尽管妈妈在信里没有表现出问题来，一切都很好，对孩子负责任，对家庭负责任，但很难说妈妈的个性里是否存在让一个男人无法适应的东西。从这封信上我们不能看到更多的东西，只能从孩子的视角看到家里冲突的表现。所以既然那么多问题弄不清楚，就不能够鼓励一个孩子去促使父母离婚。

其实协调父母的关系并不是孩子的责任，孩子现在有自己的任务。一个人在一个时间段里会有一个当下的任务，这个孩子目前的任务就是准备高考。这个时候她应该启动“屏蔽”功能，爸爸妈妈吵得厉害，就多在学校学习，晚点回家，躲过父母吵架的高峰期。一般吵架的高峰期是在傍晚，傍晚人都比较焦虑，比较紧张，一天的劳累要释放。过了傍晚，10 点回到家里，基本上父母累了，也不吵了。现在很多高中都提供晚自习的环境，我觉得这个女孩应该尽量利用一些客观环境来摆脱家庭环境的干扰，这才是她要做的事情。有的时候甚至可以住校，或者借住在亲戚家里。喝醉酒的人会缺乏尊严和理性，做出很麻烦的事来，孩子可以采取回避的方法，等高考完了再说。

看得出来，这个女孩很善良，她很爱父母，虽然她说支持父母离婚，实际上还是希望父母和好的。她前面说了希望父母和好，但是他们吵成这个样子，她又觉得只能离婚。对这个女孩而言，现在要看清楚自己在家庭里面的位置和自己要承担的责任，而不是去决定父母能不能幸福。如果想让父母有幸福感的话，唯一要做的就是自己考上好大学，让周围的人羡慕你，使父母获得一些补偿：尽管我们的婚姻不好，但是我们的孩子很优秀。这样的话，才能让父母从困境中走出来。如果卷入父母的争斗里，比如说，支持离婚等于是站在妈妈的立场上，爸爸就会更孤独，喝得更多，酒疯撒得也会更频繁。如果站在爸爸的立场上，势必会跟妈妈作对，所以无论她站在哪边都不好。如果她来到我的诊室，我会让她首先离开这个矛盾，不要卷入，卷入的结果是使问题复杂化，不是使问题变简单。这是父母两个人的矛盾，跟周围人没有关系，跟孩子没有关系。最简单的矛盾最好解决，如果卷入的人太多，就很难解决了。女儿说离婚很好，解决问题时父母就会考虑女儿的感觉，这样就把问题复杂化了。

从这个家庭来看，妈妈给女儿的情感是够的，妈妈还是关心她的，只是被爸爸纠缠得关心不上而已。这个家庭也有很多积极的东西，应该说，对这个女孩而言，要获得真心的情感并不困难，她应该把这个家庭的矛盾打包，搁在自己内心的一个地方，做一些利于家庭矛盾疏解的事。例如，努力地学习，分担家庭的压力，尤其是关心妹妹。妹妹要中考，可以带着妹妹一块儿自习，或者帮妹妹解决晚饭，尽可能地分担一些家庭的责任，使父母的冲突减少。事实上，家庭冲突都是由小事引起的，如孩子没有吃上饭，可能就是父母吵架的根源。所以说孩子也应该做这样的努力，尽量让自己多一点时间分担家庭责任，好好学习，关心妹妹，这样有利于矛盾的解决，如果孩子表现得很好，父母就比较容易认可自己的婚姻。

李子勋支招

孩子如何躲开家庭矛盾?

青春期的孩子，遇到父亲酗酒、家庭有第三者的问题，会不会影响以后的生活呢?

当然会的，一个酗酒的家庭对孩子的个性成长会有很大的伤害，因为酗酒的人是一个低自尊的人，父亲没有尊严，会做一些孩子觉得很丢脸的事。喝醉酒的人会躺在街上，会骂人，会衣冠不整，孩子小时候会觉得这是家庭的耻辱，内心会有一个困境：无法欣赏父亲。如果无法欣赏父亲，孩子以后也无法认同权威，有时候在自我管理方面也会出现问题，要经历很长时间的自我修复。

对孩子来讲，建议把对父母问题的思索放在一边。要对自己说:“这不是我现在应该思索的问题，现在我应该管理好自己，全力以赴地投入到人生的主要任务当中，这也是帮家庭分担责任。”其实，每个人都希望成长过程是顺利的，如果在这个过程中遇到的挑战比较多的话，就要把挑战看成是激励自己的力量，把困难看成是力量而非阻碍，这会让自己变得更加强大。如果把困境看成是阻碍，自己就会真的受到影响。但如果喜欢接受挑战，在遇到父母吵架时就离开，把这个时间利用起来，到学校去学习，得到更多学习的机会，这就是把挑战变成机会了，会更容易获得成功。

组合家庭如何保持独立空间?

男孩和继母产生冲突怎么办?

我的问题不是跟亲生父母的关系，而是跟继母的关系。我的亲生妈妈由于生病过早地离开了，爸爸其实很爱我，继母没有出现的时候，也没有觉得自己缺失太多，爸爸既当爸爸又当妈妈，很多需要都可以满足我。爸爸是一个工作能力很强的人，事业不错，他觉得挺幸福的。可是爸爸肯定不能一直这样，后来有一个非常年轻的女性出现在爸爸的生活里，爸爸就跟我说:“我可不可以再婚?”当时我非常开明，我说爸爸也要有自己的幸福，没有关系，可以，我很痛快，爸爸于是很感激我。我原以为跟这个陌生的女人相处挺简单，但是我没有想到，她以前没有做过妈妈，在进入我的家庭之后，有时甚至还有一些孩子脾气，所以这个年轻的继母和我之间发生了很多很多的冲突。例如，有的时候，餐桌上有一盘两个人都喜欢吃的菜，就会出现一些挺尴尬的局面，爸爸就好像带着两个孩子。我一方面觉得她怎么可以这样孩子气，因为她毕竟是自己的长辈。另一方面又觉得爸爸太累了，太辛苦了，为什么要找这样一个女性，感觉爸爸不但没有减轻负担，反而更加累了。

除此之外，跟继母相处的确不太容易，不是简单地以心换心就能够相处好的。我曾经做过很多努力去接近继母，关心她、尊敬她，但得到的结果并不好，是不是继母的人格有问题？个性有问题？还是和继父母相处的确是一门学问呢？

我们知道，一个家庭里面住的都是有血缘关系的人，是亲密的人。相对而言，继父、继母则像家庭的一个闯入者，是一个陌生人。不管是继父还是继母，首先会使家庭的亲密关系发生变化。本来在妈妈离开后，爸爸和儿子慢慢建立起了一种亲密关系，来维系家庭内部的稳定。继母来了以后，爸爸和儿子就得分开一些，总得有一个空间让继母进来。孩子必须要放弃一些权利，他要意识到继母来了以后生活是会变化的。假如他希望继母来了但生活不发生变化，还像过去那样跟爸爸好，这个想法显然不成熟。实际上，一旦继母来了，这个孩子就应该退出来，让爸爸和继母有一个足够的空间来完成他们的爱情生活。

信中讲到的继母比这个男孩大不了多少，她跟男孩的爸爸在一起，容易在男孩心中引起混乱。17 岁的男孩正处于内心很复杂的时期，性的好奇与冲动常常会被激发，一方面他要维系对妈妈的尊重，不会那么快地接受继母，另一方面需要安全感，压抑对继母的好感，这都是一些伦理焦虑，为了平息这些焦虑，与继母保持边界就很重要。对继母的不喜欢、攻击或贬低，都可以获得一种边界感。

加上这个继母跟这个男孩差不多是同龄的人，男孩要叫她阿姨，这也是男孩的一种愤怒。这个继母作为妻子来讲，会跟男孩的爸爸开玩笑，疯、闹、撒娇、调情等，这些本身是夫妻间的正常行为，但在这个男孩子眼中则不正常。如果是爸爸和自己的妈妈这样闹，他可能会接受，但是跟另外一个女性，他会觉得很不舒服。这是一种角色混乱。如果男孩不容易把这个继母看成一个长辈，他的内心就会分裂成两个面，接受她和否认她，这样他的视觉就会受这样的内心现实影响，会特别在意这个继母的行为。假如她的行为不像长辈，这个长辈的角色就更加不能建立起来，混乱就会继续。他对她很挑剔，把愤怒投射给她，看到她很多缺点，这是非常自然的。通过攻击来表达一种态度、设立边界，他就重新找回了自己的角色。

继母走进家庭后，父亲应该和她有个单独的空间，在这个空间里，他和继母的情感生活不会受到儿子的影响，也不会被儿子感觉到。同时，儿子也要有一个空间，不受继母存在的干扰。父亲要把握好，不能让这两个空间过多交融在一块。交融存在一种象征意义，就是家庭中两个男人需要娶一个女人回家，父亲需要爱与性，儿子需要照顾与关心。父亲要学会在跟这两个人同时交往的时候设立边界，不要在孩子面前跟他的太太打情骂俏。当然继母也要学会有孩子在的时候，要像一个成年人一样生活，要矜持一些，庄重一些，避免让男孩子产生反感。当然，在他们自己的空间里，想怎么疯怎么闹都是可以的。孩子与父亲和继母在一起的时候，也要摆出一个小辈的身份来。单独和继母在一起时，要有分寸与节制，不要希望继母来讨好自己，自己也不要去讨好她，平等相待就可以。单独跟父亲一起时还可以像哥们一样亲密，这样的话，这个家庭就容易和谐。

父亲要做到这些是需要精力和时间的，实际上在很多家庭里，父亲就是在工作、挣钱，他没有那么多的时间，因此娶来一位太太后，儿子只能和继母相伴，他们不是做朋友就是做敌人。但是做朋友会有伦理问题，比如说，十七八岁的男孩有性意识了，而继母常常是一位年轻的、漂亮的、有情感的女性，他跟继母太近会不太好。如果他跟继母很近，就会产生焦虑，担心自己会不会产生坏念头、坏想法。尽管这些想法是很自然的，但一个没有经验的男孩子会有罪恶感，害怕这些本能意识。同样，继母也要考虑这样的禁忌，实际上这个禁忌是一个乱伦禁忌。一般来说如果男孩大了，就不会鼓励他和一个年轻继母有那么好的关系，而是应该保持距离。

男孩与继母的关系处理不好，是不是女孩就会容易一些呢？

其实女孩和继母的关系与男孩不一样，女孩的爸爸带来另一个女孩，家庭关系会更加混乱。为什么？因为这里没有伦理的禁忌，竞争和对父亲的控制会更加白热化。同样，父亲对女孩的情感和对继母的情感有时也很难分清楚。有时，父亲也是因为分不清对女儿的感情，才匆匆娶个女人回家。继母来了，竞争自然开始，基本上没有可协调的地方。如果两个女人年龄差距大还好平衡，如果差距不大的话，父亲自己有时也会混乱，仿佛两个都是女儿。有些时候他会分不清楚对妻子的爱和对女儿的亲密感。因此，有时父亲对女儿会很严厉，这并不是不爱女儿，而是要澄清自己。

女儿天生就会和妈妈竞争对父亲的控制权。如果妈妈离开了，她就失去了一个对手，而继母则是新的对手。男孩和继母的关系会稍稍不一样，男孩都会渴望女性的温暖，希望得到女性的照料，这种渴望比对父爱的渴望高得多。所以，如果继母来了，且像一个妈妈的话，男孩很容易和她处好关系。

一般来说，男孩容易和继母处好关系，尤其是继母主动接近他的时候。男孩会比较宽容，容易接纳，除非继母完全无视他，在父亲面前撒娇，或者做一些孩子气的事情，使得男孩瞧不起她，不愿意接受她。如果继母的行为很大方、得体，对男孩的关心也很得当，既不过分，也不疏远，那么男孩就比较容易和继母相处。尤其是继母关心照料男孩的生活，如帮他做饭、买衣服，点点滴滴的很多方面都照顾到，男孩就容易和她亲近。而女孩就不容易和继母相处好，因为女孩自己就可以照顾自己。很多女孩小时候跟妈妈的关系不好，就是因为妈妈管得过多，所以反感妈妈。女孩从小就会管理自己，继母的到来对她并没有很大的帮助。从文化角度来看，女性的内心与男性不一样，虽然表面上看女性是弱者，但实际上在心理学家研究后发现，女性其实是强者，她的内心就是一个家。

但不能因此就说女孩和继父的关系就一定容易相处，为什么呢？

因为继父带有一种危险性。每一个有性觉醒的女孩，在有性意识的时候，任何男人对她而言都有危险性。一个陌生男人走进她的家，本身的危险性就非常高，女孩为了使危险等级降低，常常会对继父产生攻击的欲望，说我讨厌这个人，这样内心就一下子安定了，就会觉得不那么危险了，认为他不会对我有什么影响。尤其是一个青春后期的女孩，16—18 岁，还没有完全形成成熟的性意识的时候，和继父的关系容易出现混乱。如果和继父太亲密了，她也会产生伦理焦虑，降低焦虑的心理策略就是把继父当作敌人。

跳出这个家庭，从普通意义上说，父亲也不能希望继母像爱亲生孩子一样爱自家的孩子。尽管很多道学家都认为，继母对丈夫前妻的孩子应该比对亲生孩子还要好。但站在人性立场上看，这是不太可能做到的。事实上，自己生出来的孩子和别人生出来的孩子，内心感觉肯定是不一样的，所以不能要求继母对这个孩子好到像对她的亲生孩子一样，这样做对继母其实是不公平的。

李子勋支招

引导孩子如何与继父继母相处

在跟继父继母相处的时候，孩子需要注意些什么呢？父母要从以下几个方面引导。第一，尊重。要尊重这个人，接纳他（她）的身份。第二，善待。除了竞争之外，还要学会关心他（她）。第三，也是最重要的一点，要学会有距离。因为他们毕竟不是亲生父母，应该保持距离。保持距离是为了减轻内心的焦虑，和继父或继母过度紧密会出现更大的麻烦，保持一定的距离很重要。总之，善待他（她），关心他（她），然后要知道分寸，明白他们和亲生父母不一样。

对于孩子来讲，心里难免会失落，没有陌生人的时候，孩子跟自己亲生父母的关系很紧密，继父继母来了，好像有一部分爱就失去了，但这是必然的。建议孩子当爸爸或妈妈再婚以后，要学习放弃一些孩子的权利，更加独立自主，更懂事，替自己的亲人争争面子。你在继父继母面前有礼有节，爸爸或妈妈一定很高兴，很感激。当他们在一块有些显得亲密的时候，找个合适的理由回到自己的房间。失落感肯定会持续一段时间，对于普通的孩子来说，一般需要 3—6 个月，自己就处理好了，新的家庭生活也变得自由和满足。因为继父继母会牵扯亲人更多的精力和时间，孩子就有了更多成长的自由。如果 3—6 个月后仍然不能解决这个问题，孩子就需要跟自己的亲人谈一谈，看看怎样来解决。他也可以逐渐学习寻找社会情感，学习过积极的自我管理的生活，把亲人托付给继父继母，加快自己的社会化。

实际上，单亲家庭有一个危险就是“纠结”，就是他只有爸爸或妈妈了，害怕失去亲人的心理会使孩子想牢牢地控制亲人。孩子会放弃很多东西来讨好亲人，这种纠结会使他完全失去社会化的动力，不愿意和人交朋友，总是回家看爸爸或妈妈回来了没有。爸爸或妈妈再婚可以破坏这样的纠结，帮助孩子成长，让孩子知道自己是独立的，最终还是要和爸爸妈妈分开，单独生活的。家里来了新的家庭成员以后，“纠结”会自然松开，这对孩子来说是好事。

无条件地接纳“双向情感”的孩子

我在伯父家长大

我有一个女儿，当年为了生儿子就将几个月大的她送到她大伯家抚养。她大伯一家特别宠她，她在那里生活了6年，直到7岁时我们才将她接到身边。由于7岁前她一直喊大伯和大妈“爸妈”，所以回到我们家她不愿喊我和爱人“爸妈”，而且到六年级时，她竟提出想回到她大伯家。我特别生气，动手打了她，最后因为她以死相逼我们才将她送到她大伯家。我哥嫂现在也劝她回到我们身边，她非常痛苦，整天在哭。我非常苦恼，我该怎么办？

其实，作为亲生父母你们应该能理解，这个孩子生下后几个月就离开了你们，她的整个成长过程都是和伯父伯母在一起，自然会和伯父伯母建立非常亲密的关系。

孩子在2岁以前，或者在5岁以前和谁接触，就最容易和谁形成亲密依恋，这种亲密依恋在自然界有一种印刻效应。比如，我们经常看到电视中有这样的镜头：一只小鸭子或一只小鸡，它孵出来后睁开眼睛看到的是人，就会把人当妈妈，会跟人走。孩子在 2 岁以前也会有心理印刻效应，一些家长在孩子 1 岁前就请保姆，孩子由保姆天天带着，以后他会离不开保姆，保姆走了孩子就会变得很沉闷、很痛苦，甚至没有生活的欲望。

你女儿的伯父伯母一直带她到六七岁，陪她度过了心理发展最重要的时期，她所有的亲密依恋和她所形成的情感对象，都指向伯父伯母。突然让她回到父母身边，任何人都不容易适应，除非她没心没肺。她和你们建立感情，像跟陌生人建立感情一样，只能在以后的生活里慢慢培养。随着她一天一天长大，明事理了，会懂得尽管在伯父伯母家长大，但是爸爸妈妈一直爱着她，思念着她，也给她抚养费。现在回到爸爸妈妈身边，爸爸妈妈对她也很好，这时候她会慢慢把一些情感投入到你们身上。但伯父伯母依然是她心理上的父母。在关键时刻，在痛苦的时候，她第一个想到的还是伯父伯母。

孩子小时候不在爸爸妈妈身边长大，要真正和爸爸妈妈亲密起来会在 16 岁以后，度过逆反期，爸爸妈妈仍然温柔且坚定地爱他，孩子会慢慢表现出一些深层次的亲密与依恋。

孩子在 6—12 岁这个阶段，相对来说心理发展是比较稳定的，没有很大的起落。6 岁以前很多东西都已经完成了，包括决定他终身的个性、行为色彩、情感模式、亲密需求等。7 岁以后，即便他和亲生父母发展出一点情感，那种亲情也并不深刻。爸爸妈妈要认同孩子，必须明白孩子的困难，不能要求孩子在我们身边就一定要依恋我们，就要跟我们亲密。要学会等待，最好的等待就是要让孩子慢慢地度过心理认同期，等他慢慢把父母真正认同为自己的父母。

你的女儿需要和伯父伯母产生距离，虽然现实距离已经产生了，即她回到你们家，但心理上却没接受分离。伯父伯母不能像以前那样关心她，他们的内心也会很难过，也许会不停地打电话联系，无意识地想保持亲密感。要应对类似的情况，你们要接纳孩子对伯父伯母的感情甚至鼓励孩子去看望伯父伯母，放假的时候给她机会，满足她亲密的需求。爸爸妈妈要明白，孩子见伯父伯母不等于不爱亲生父母，见伯父伯母是因为她有亲密需求，这个亲密需求决定她内心的完整与安全感，周期性地回到伯父伯母身边黏一阵子，孩子的内心可以得到满足。如果父母完全拒绝她跟伯父伯母来往，封锁他们的消息，反而会使她觉得不安全、慌乱，不能踏踏实实地过每一天。爸爸妈妈一方面要鼓励孩子和伯父伯母保持亲密，另一方面还要扮演一个好爸爸好妈妈的角色，给她很多的关爱，尤其是要无条件地接纳她。这样，孩子的情感就会慢慢地重建与回归。真正的回归有一个前提：她没有与父母产生隔阂。如果她回到家的这段时间跟爸爸妈妈不亲近，爸爸妈妈就伤害她，就像信中所说的爸爸妈妈踢她、打她，再想回归就会很难，这个孩子的内心永远会有孤独感。

你的女儿会处在“双向情感”里面。当她回到伯父伯母身边，会想亲生父母，觉得这样做对亲生父母有点残忍。当她回到亲生父母身边，又觉得对伯父伯母不公平，没有报答养育的恩情。孩子内心希望对两方都好。这个孩子即使真的回到伯父伯母身边，也不会那么安心了，因为她已经知道真相，不可能像过去那么坦诚与简单。孩子在把亲密感分给爸爸妈妈和伯父伯母的过程中，会有摇摆，一会儿会这样，一会儿会那样。作为父母，你们得允许她摇摆，给她支持。实际上，你的女儿并不是完全排斥你们的，她只是需要时间。她现在摇摆在两对亲人之间，但这种现象不会永远持续，她会慢慢选择一个主导，会在那个地方待下来。一方面，她会保留对伯父伯母的情感，关心他们，报答他们。另一方面，她会稳定，和自己的爸爸妈妈结成亲子关系。父母一定要让孩子自己去完成这个过程，不要着急，也不要沮丧，往往越想努力改善关系，孩子回归的时间越长。你可以告诉女儿，有两对父母在疼爱她是一件很幸福的事，如果这种幸福感建立起来，她就可以接受自己的情感变化，学着把两边的父母都当作亲人，她自己的人生就会变得更加丰富起来。

李子勋支招

给孩子一个安全的港湾

孩子在心理发展过程中是从亲密关系里获得安全感的。如果小时候知道被爸爸妈妈遗弃，或者因为工作等原因被放在另外一个亲人甚至陌生人那儿，在慢慢懂事的时候，他就会有自我挫败感。孩子会对亲近关系不信任，不信任爸爸妈妈，埋怨爸爸妈妈不能够保护他，把他扔给陌生人或年老的亲人。这种感觉是对亲密关系的怀疑与否定。一个孩子缺乏与亲人的依恋，成年后对亲密关系可能没有足够的自信。安全感的形成是通过与父母的依恋关系得到的，如果得不到，就会对亲情产生不信任感。不信任亲人，会泛化到与社会保持距离，不让人靠近自己，或者在较亲近的关系中感觉紧张，甚至出现社交恐惧。

当然，成长的选择是多种的，尽管童年生活可能会给孩子带来亲密需求发展的阻碍，但是人总是有选择的，每一个人都是自由的，童年的生活并不能决定孩子未来的一生。童年只是给孩子一个基础，就跟小学是中学的基础一样，但是小学学习不好不意味着中学就学习不好。所以如果孩子 5 岁以前没有建立起亲密感，或者安全感不够，在他成长的过程中还可以慢慢重获安全感。青春期，青春后期，还有成年期，每一个阶段人们都会面临重要的选择。孩子觉得以前对爸爸妈妈亲密感不够，就会更多地投情，更多地关心父母，内心就不再茫然了。慢慢地，他会发现在社会中跟朋友的关系也不那么焦虑了。在心理治疗中，许多与家人处理不好关系的根源，就在与父母的关系上，处理好与父母的关系，会发现自己家庭的关系也跟着好了起来。

时间是很重要的，父母要有耐心，要给孩子稳定的关怀、更多的关心和无条件的接纳。时间可以帮助孩子觉察、感悟，并做出新的选择。

每个孩子都代表一种家庭角色

排行老二的苦恼

我生长在农村，上面有一个姐姐，下面有一个弟弟，我是老二。人家都说老二的位置非常特殊，可我小的时候并没有感觉到，因为我跟弟弟的年龄差距很大，一开始我就是最小的，父母最宠我。后来姐姐参加工作了，我也大了，又有了个弟弟，家里面最受宠的就变成弟弟了，同时姐姐也很优秀，她成绩非常好，又嫁了非常如意的老公，生活方面都不用父母操心。好像到最后我成了家里最头疼的问题，他们总是说我不上进，不好好学习，说我各方面的能力都不行，但弟弟的一切缺点他们都可以容忍，却希望我能够像姐姐一样优秀。我既觉得压力很大，又觉得不被关心，有时也觉得这种矛盾心情很奇怪，既然父母要求我这么多，就说明他们很关心我，可是为什么我又经常觉得受到了冷落呢？

传统文化中农村的家庭会分家，有几个兄弟分几家，女儿不分财产，实际上，写信的这个男孩在家庭里是长子的角色。从心理学上讲，长子承接了家庭最重要的责任，要给弟弟做表率，尽可能地快速成长，来替家庭分担压力，这是家庭对长子的要求，所以这个孩子感觉到爸爸妈妈对他的要求很多，希望他像姐姐，这是可以理解的。一些传统家庭认为，男孩发展好更重要，因为女孩发展得再好，也要嫁出去，终归是别人家的人。男孩是自家的，而且以后养老送终都是这个男孩的责任，所以对他要求很苛刻、很严格。

如果孩子的确觉得父母偏心，父母要告诉他："你是一个非常重要的人。因为有了你，家庭渡过了很多难关；因为爸爸妈妈把一些负性情绪都投射给了你，你的哥哥弟弟过得很好；因为有了你做一些捣蛋的事情，释放了家庭的负性情绪，才化解了社会带给家庭的压力；爸爸妈妈把很多关注投射在你的身上，社会施加给我们的痛苦就会减少，家庭也变得比较稳定、团结。"

其实，批评是团结的表现，家庭真正的隔离是冷漠，你是谁我都不知道，你回来和不回来一样，你怎么干我也不知道，那才是一个糟糕的家庭。如果一个家庭经常互相批评指责，经常争吵，我们说那是"纠结"，就是太亲密了，太近了，高度地寻求一致性，导致互相伤害，大家应该拉开距离。如果家庭因孩子纠结在一块，共同团结，就能渡过难关。所以孩子要想到，尽管小时候觉得爸爸妈妈对自己不好，但是自己确实真正帮助了家庭。假如孩子改变了认知，他的感觉就能产生变化，会不那么痛苦，也会反过来重新接纳父母。

其实这个男孩要知道，如果爸爸妈妈会直接表达爱，批评就能减少，批评是一种不能自如表达爱的补偿形式。对父母来说，爱的表达并不是简单地说我爱你，或者我经常拥抱你那么简单。这里面既有家庭文化传承的问题，也有父母心理能力的问题，愿意坦诚地与人分享爱的心境是一种健康的生活态度。爱孩子就要直接表达出来，不要“迂回”，要学会经常欣赏孩子，让他觉得自己重要、受关注、很棒、很优秀、被认同和接纳，这些是爱的正面表达方式。批评、指责、打骂、严厉教育、苛求，是爱的负面表达方式。孩子的成长需要正面的心理营养和养料。有些家长当着孩子面不愿意表扬孩子，比如孩子考了 98 分，家长会说你怎么不得满分，家长内心可能觉得孩子真棒，考了 98 分，全班第一名，但就是不愿意把心里话当着孩子的面说出来，他们认为如果这样说孩子就会骄傲。其实这是误解，孩子需要和父母共情，共情会给孩子带来新的动力，让他继续考 98 分、99 分，甚至 100 分，父母想方设法让孩子骄傲两天也是非常重要的技能。

每个家庭都有分配——“派遣”，每个孩子都代表了一个家庭角色。多子女家庭有各种家庭功能，就像家里面有几把椅子，哥哥坐了前面的，弟弟坐了后面的，你就不得不坐中间的。那把椅子不太舒服，不像哥哥的椅子那么厚实，也不像弟弟的椅子那么软，你的位置可能不那么好，但这就是你在家庭里的位置，有些时候你就必须来承担这个责任，来帮助家庭实现团结统一。

写信的这个孩子位置是老二，但他承担的角色是老大，他既承受了老大的压力，又承受了老二的无奈。姐姐很优秀，大家又认为你是长子，应该更出色，压力和无奈带来的双重压迫导致他很烦恼。对老三来说，他的位置更有优势。家庭里面有两个很特殊的位置，一个是正面表扬的位置，另一个就是负面受处罚的位置，孩子常常都要争取第一个位置，逃避第二个位置。老二比最小的孩子懂事，有时候可以逃避，起码他可以不成为一个有问题的人。很多多子女家庭都会有一个孩子主动变成“问题”孩子，让家庭积攒的负性情绪有出口。一旦有人扮演令人头疼的角色，其他孩子就安静下来，如果找不到的话，同胞的竞争就会一直存在。

如果家庭里有两个孩子，他们会分担两个角色，但他们的角色不是固化的，而是循环的。例如，有一对双胞胎，一直以来家长都喜欢小一点的，实际上他只小两个小时，但是他长得比较乖，哥哥就大两个小时，但显得成熟一点。不过哥哥一直都觉得爸爸妈妈偏爱弟弟，弟弟学习比哥哥好，各方面都比哥哥优秀，哥哥就经常烦恼，他越烦恼学习就越差，就越赶不上弟弟，结果家长就越把正性情绪给弟弟，把负性情绪给哥哥。弟弟总是依偎在爸爸妈妈身边，讨好爸爸妈妈，哥哥躲在旁边，他觉得如果表示亲密的话，爸爸妈妈会不理睬他。有一次，哥哥做运动的时候不小心摔断了腿。因为受伤成了弱者，爸爸妈妈的态度开始产生变化了。他们关心他、照顾他，他伤了腿要休息三个月，整天躺在床上，爸爸妈妈给他买喜欢的游戏光盘、磁带、书，对弟弟就说“你一边去”“你学习去”“你别来凑热闹”，哥哥可以看书，看电视，享受了几个月兴奋的时光，得到了从来没有得到过的关爱，弟弟则被排开了。哥哥享受到了父母的关爱，开始变得好起来，情绪好了，学习也改善了，成了班上的尖子生。但弟弟开始烦恼了，跑来看心理医生，他觉得爸爸妈妈太偏爱哥哥了。所以两兄弟的情况就常常会形成这种冲突，爸爸妈妈肯定是想一碗水端平，总想照顾弱一点的孩子，但有时他们恐怕是端不平的。

其实父母有很多爱，但是父母习惯把爱给弱一点的孩子。比如，孩子小时候，爸爸妈妈抱着孩子就像捧着宝一样，但孩子慢慢长大后家长就有些看不惯孩子了，为什么？因为孩子在拒绝。为什么在拒绝？家长内心认为，他有很多很多爱要给孩子，孩子不应该拒绝，如果拒绝，就是对家长的爱的挫败。为什么有些家长爱动物爱得把动物当成了宝宝？因为动物不能拒绝你给它的爱，无论你用什么样的方式爱它，它都接受。但是孩子不一样，孩子慢慢长大后，会产生自我意识，形成自我观点，他会拒绝，此时，爸爸妈妈的爱就无法自由地释放。爸爸妈妈不敢再去摸摸孩子的头，因为担心孩子会生气，但是爸爸妈妈又渴望去抚摸他，怎么办呢？爸爸妈妈会转而指责孩子，把爱隐藏在教育中，教育你是不能拒绝的。不能在表面上执行爱的语言，就会用批评的语言传递一种父母的关心，说“你看你这儿要改”“你那儿不对”。其实这些批评都是爱，只是因为爱得不到很好的表达才换了种形式。东方文化的羞耻感很强，很节制，不像在西方，孩子跟爸爸妈妈拥抱、亲吻都是很自然的事情。心理医生在诊室里常常让孩子和爸爸妈妈拥抱，但很少有家庭能够很自觉地做到这一点。即使家长能够和孩子抱一抱，孩子很多时候也都是僵硬的，爸爸妈妈更难，这是亲密交流的问题。当然，这个问题跟我们的文化有关系，文化倡导爱的含蓄表达，如爸爸妈妈说“我多爱你，我多喜欢你”时，好多孩子会不自在。

李子勋支招

二胎或三胎家庭星座理论

心理动力学派的美国学者阿德勒谈到一个“家庭星座”的概念。他说多子女家庭常常有“星座”的情况，长子承担家庭的什么任务，第二个孩子承担家庭的什么任务，第三个孩子承担家庭的什么任务，最小的孩子承担家庭的什么任务，每个人在家庭里面分担的家庭功能都是客观的，有些时候不用仔细思考，会自然形成。

阿德勒说，长子常常是家庭“正性情绪”的投射者，家庭会很关注长子，他帮助弟弟妹妹，家长就会表扬他，家长还会从小培养他的管理能力，教他持家。所以长子在发展过程中承受的压力比较大，但是发展得比较快。老二呢，没有老三的时候，老二会享受到短暂的幸福时光，因为他最小，家庭会把关爱都给他。但这时家庭有可能也会把负性的情绪给他，与老大相比，家长会更关注老二是否淘气、不懂事、不成熟，虽然和哥哥相比弟弟肯定会更淘气些，但是爸爸妈妈总会把这些事情夸大。所以老大常常会承受一些正性情绪，老二则常常承受一些负性情绪：“你看你哥哥多好，帮家里怎么样怎么样。”有老三之后，老二就处在了两不挨的情景之中，爸爸妈妈的关爱投射到弟弟那里去了，他常常跟弟弟竞争关爱，和哥哥竞争表扬。老二在任何一个家庭里面都常常会成为一个很有意思的人：要么发展得非常好，因为小时候就有强烈的竞争意识，又不用承担家庭的很多责任，更有空间发展自我；要么非常叛逆，会走和家庭期待相反的路。

阿德勒还认为，家庭总会把功能分担到四个或五个孩子身上，老大不能完成表率任务时，如他不爱学习、淘气、贪玩的时候，家庭会迅速把期待放到老二身上，放弃老大，那时老二就成了老大，开始承受家庭正性的情绪和伴随而来的压力。同样，家庭还要选择替罪羔羊，在四个或五个孩子里找一个较差的，把所有捣蛋的事情都归结到他头上，这个角色会由老三或老四承担，常常不是最小的那个，但如果最小的孩子的确很淘气，也可能是他。

理解万岁——青春期的孩子该如何教育

社会工作者、心理工作者、医生和研究青少年的专家都会谈到“青春期”这个概念。一般会把孩子从少年到成年这个阶段定位为青春期，现在孩子成熟都比较早，青春期一般为 11 岁半到十四五岁，女孩早一点，男孩会晚半年到一年。提出青春期的概念是为了在青少年教育上起作用，但实际上我们发现，过多地关注青春期，反而使青春期的问题变得明显，因为人的视觉有一种创造力，我们关注什么，什么就变得明显了，就被扩大化了。在五六十年以前，并没有青春期的概念，国际上也没有谈到青春期，很多青少年都在健康成长；现在有了这个概念，很多医生、青少年工作者和社会工作者，便开始对青春期的孩子做研究，总结出了很多问题。

研究认为，青春期的孩子常有三个方面的问题。

第一个问题是逆反。孩子和爸爸妈妈之间的关系会突然恶化，过去非常依恋，跟爸爸妈妈都很亲密，现在爸爸妈妈碰他的头、进他的房间都不行，碰他的东西就更不行了，他开始为自己的权利较劲。这样的孩子在社会上常常有攻击性、有敌意，他带有批判性，什么都看不惯，都觉得不好、不完美。实际上，这是因为孩子有完美主义的内心追求，只不过是以否定一切的方式来表现的。

第二个问题是双向性。青春期的孩子藐视权威，又盲目崇拜，两个倾向同时存在。例如，很多追星族都是青春期或青春后期的孩子，他们内心藐视权威，否定一切权威，却又盲目崇拜；他们有时有极端的道德感，喜欢谴责，有时又极端无视道德，会做一些违背公众道德的事；他们是勤奋的，同是又是懒惰的，他们是遵守纪律的，同时又是破坏纪律的，他们在遵守纪律和破坏纪律里都能找到快乐，在双向的盲目崇拜和否定权威里都能享受到快乐。在这种双向性的矛盾中，我们可以看到孩子的成长动力，这是快乐的动力，不管是破坏还是创造，孩子都充满激情。

第三个问题是追求神秘主义。有的孩子会神秘兮兮的，喜欢看侦探片、鬼片，嘴里会谈一些宗教、十字架之类的话题，甚至有一些孩子会把两支笔捆成一个十字架，做祷告。神秘主义的真相是对这个世界好奇，因为从书本和父母教导中看到的世界太过乏味，孩子对神秘的追求是一种自娱自乐。当然，这其中也存在很多自我暗示的、夸大自我的、获得超能力的、成为权威人物的青春期梦想。

孩子为什么会产生这些矛盾现象呢？这是因为人有两个世界，一个是内心世界，一个是外部世界，青春期的孩子生活在两个世界的边缘。孩子小的时候只是跟爸爸妈妈或小学同学接触，跟现实接触有限，他的感觉更多来自内心的世界，基本上他的主要情感、生活都是依赖家庭的，而家庭本身和社会就是有边界的。在进入青春期后，孩子要开始社会化了，他知道家庭待不住了，他要到社会上去寻找朋友、情感、事业，他要成功、要学习。因此，青春期就成了边界地带，在这个边界地带，孩子有一半是内心的，有一半是外在的，这两方面一直混杂在一块，这就是他的双向性的来源。

因此，心理学一般认为青春期更好的说法应该叫过渡期，过渡期是一个流动的概念，它表示孩子正在走过一个阶段，处在过渡的过程中，而不是已经形成了结果，它有时间性，不是永远的，更不是定型的。

家长如何面对青春期的孩子，有以下几个要点。

一、要表现出适当的无知

孩子 10 岁前，妈妈扮演的是一个无所不能的角色，是孩子强有力的后盾，给孩子一份安全感，这很重要。孩子 12 岁青春期到来以后，这样就不行了。孩子 15 岁以后，如果家长还表现出无所不能，什么都懂，孩子都要听我的，就极其糟糕了。家长首先要把自己从权威的角色上放下来，应该说："我不太知道你们现在在想什么，要做什么。如果你需要什么帮助，详细告诉我好不好？"

青春期的孩子要建立自己的权威、尊严，往往尝试着攻击家庭的成员。我们要做一个选择，既然孩子不再想当孩子了，你就要慢慢从妈妈的角色中引退，某些家庭里父母也可以来扮演孩子。青春期孩子的有些价值观看起来是很荒诞的，但是要倾听、尊重他，这样孩子就会逐渐变成大人，他就知道自己应该干什么，不应该干什么。如果你采取查书包、偷听电话、偷看日记等方法，结果只有两种可能。一种是孩子为了讨好父母继续扮演孩子的角色，产生了一个心理学上称为"退行"的现象，放弃了成长的权利，变得幼稚化。

这样的孩子即使能考上名牌大学，也是生活中的弱者，只能当一个普通人。为什么？因为他放弃了成长的权利，他的情商低。另一种是孩子选择反抗，因为他觉得如果自己不能挫败父母，就长不大。很多孩子逃学不是因为不喜欢学习而是为了反抗父母，父母希望他好好学习，他就不好好学习，看父母怎么办。因为他知道，只有这样才能挫败父母，父母可以替代他做决定，但无法替代他学习。当然，并不是孩子有意识这样想，而是他不上学引发父母改变了权威的角色，愿意开始倾听并满足孩子一些心理需求的现象，引发了孩子从这个事件的象征意义中得出上面的判断，大约有 10%的孩子会这样做。

二、对孩子好奇、保持兴趣

兴趣是什么？兴趣是对孩子保持欣赏的态度，不管孩子做什么，都要让他感觉到你对他有兴趣。如果你在一个部门当领导，你对大家保持一种兴趣、好奇，你就会是一个受欢迎的领导，如果你满脸都是价值判断、好恶，别人跟你在一起就会觉得不舒服。父母要把价值判断深藏起来，给孩子一个彼此冲突、矛盾、多样的价值混乱时期，不要忙着帮孩子找到所谓正确的道路，否则可能适得其反，使孩子失去自我的判断力与鉴别力，不能形成自我的价值倾向，结果是让他觉得他是在为别人活着，为别人学习。让青春期的孩子品尝逆反情绪给他带来的痛苦与麻烦，用好奇的、欣赏的眼光分享他选择的价值观、美感、哲学概念与逻辑。当然，幼稚是在所难免的，但这些幼稚的思想打着孩子自己的标识，是属于他自己的天地。尊重这些就是尊重孩子。

家长能做的就是提醒孩子社会规则:“你内心如何看世界是你的权利，面对客观现实的时候要按规则办事。”这样做就可以帮助孩子形成一个边界意识，包括内心的与现实的，让孩子可以在两个层面接纳自己。成年人的很多心理痛苦正是来源于搞不清内心与现实的边界在哪里。

三、学会对孩子示弱

示弱就是要善于在孩子面前装傻。如果孩子游戏打得好，你要说:“宝贝，妈妈好笨啊，这种事情都不会，你能不能教教妈妈？”孩子肯定会特别高兴，当你慢慢地表示出对游戏感兴趣的时候，孩子也许就会慢慢失去对游戏的兴趣。原因是孩子玩游戏的潜在意义是在有限的环境里寻找与父母分离的空间，妈妈也要玩，孩子的兴趣会大减，当然有严重游戏依恋的孩子除外。

我遇到过一位咨询者，他女儿是哈韩族，家里摆满了韩国的东西，韩国影星的照片贴得到处都是，女儿染着黄头发，吃韩餐，学韩语。一有韩国歌星举办演唱会，女儿旷课也要去听。父亲是一个公司的部门经理，对此非常着急，问我怎么办。我就向他建议:“你也装作是哈韩族，也把韩国明星照片贴在卧室里，也放韩国歌星的歌，也装作学韩语。”结果他女儿就把韩国明星照片收起来了，头发又变成黑色的了。为什么？因为孩子需要和爸爸妈妈有区别，他一放韩国歌星的歌，女儿就特烦，“怎么又放韩国的歌啊！”知道为什么吗？孩子其实是表现出一种逆反的情绪，爸爸不让我做哈韩族，我偏做，看你怎么办。这表示她在长大，有了全新的自我，如果我们不压制她，反而认同她，她逆反的动力就会终止。

四、不管孩子提出什么不合理的、荒谬的要求，决不能马上驳斥他

对孩子提出的不恰当的要求，要说：“你的想法不错，很有意思啊，不过我能问一下你为什么有这样的想法吗？能告诉我进一步的计划是什么吗？爸爸妈妈能帮你做些什么吗？”这样的提问可以帮助孩子澄清自己的想法，你拒绝他，他就坚持。当你坐下来听他的计划的时候，他就会发现自己什么计划都没有，他需要的只是爸爸妈妈认同、接受他的想法，不一定要实施。这时你如果驳斥他，他就一定要实施。我们要先说“Yes”（是的），等时机成熟的时候再说“Maybe ”（也许），尽量不说“No”（不行）。很多青春期的孩子会提出一些不合理的、过分的要求，其实真正的目的不是要实现这个要求，而是要看爸爸妈妈的反应，看爸爸妈妈是不是真的在意他、尊重他。

第四章

倾听孩子心声

——换种视角看孩子

培养金钱观：部分满足与欲望延迟

儿子花钱大手大脚怎么办？

我儿子特别爱花钱，花起钱来大手大脚，从小就是这样。现在我非常担心，他走向社会后如果还是这么爱花钱，而自己挣得又不多，怎么受得了。儿子小的时候是爷爷奶奶带，爷爷奶奶非常娇惯他，如果他什么活都不干，就用钱奖励他干活，扫一次地奖励多少钱，刷一次碗奖励一块大巧克力……孩子从小就在物质的诱惑下不停地卖力做各种事情，并以此博得家长的欢心。我家条件挺好，从来不愿意委屈孩子，孩子小的时候甚至连铅笔、橡皮都是名牌。现在儿子上大一了，前一段时间迷上摄影，要一台很好的照相机，他先是买了一个尼康手动的，花了好几千元，最近又说洗照片太贵，太麻烦，干脆要买一个数码相机，还要最好的。

我一方面觉得儿子的欲望无止境，另一方面又担心孩子以后如果工作了，挣钱并不多，他自己怎么办。到底该如何培养孩子节俭的观念呢？

如何培养孩子的金钱观念，是每个家长都会思考的事。在孩子不掌管钱的时候，他不容易形成“钱”这个观念，因为想要什么就缠着父母买，花多少、怎么花是不重要的，重要的是想要的东西到手。小孩五六岁的时候想买什么零食、好衣服，家长可以告诉他，什么东西是我们需要的，什么东西是我们不需要的，并不是所有好东西我们都要买。这个时期的心理特点是：欲求不满。孩子想得到什么东西，立即就要得到，不能等待，如果父母不给，或者不能马上给，就倒地撒泼耍赖，胡搅蛮缠，逼迫父母。这时父母应该温柔地坚持，不要生气，很多孩子在商场都有这样的表现，也有很多家长当众责打孩子，让人侧目。家长可以站在孩子身边，等着孩子自己收场。闹一两次没有效果，孩子就放弃了。当然，父母答应孩子的事也一定要准时为孩子实现，不要让孩子觉得父母不可信。处理欲求不满是重要的心理培养，这是对焦虑的忍受能力，想要东西就会有一种心理焦虑，让孩子学会处理这样的焦虑，学会自我管理和等待，孩子长大后在面对学习、社交、生活焦虑时就有经验。这一点非常重要。

到了上小学时，孩子手里通常都有点零花钱。每周关心一下孩子的零花钱是如何花掉的，对好的花法要夸奖，如买必需用品，储蓄起来等，并给他额外份额的钱做奖励，让孩子体验到节约可以生钱（父母多给）。这个阶段的心理特点是：孩子容易私自拿父母的钱去用，父母要把家里的钱收好，不要把钱放得到处都是，诱导孩子犯错。如果孩子私自拿钱花，父母不能及时觉察，可能就害了孩子。这个阶段的孩子并没有很强的自制力，加上文化灌输的“家里的就是自己的”观念，孩子就容易犯错。当然，犯了错也用不着大惊小怪，孩子心理脆弱，教育孩子的时候不要乱用词语。给孩子一个表率是可取的，如父母彼此不动对方的钱，让孩子看到，妈妈要用爸爸皮包里的钱要征求对方同意。这样做的重点就是要让孩子知道边界，知道钱是有个人属性的。要做到这一点，父母也要意识到给过孩子的钱已经是孩子的了，孩子有随心使用的权力，不要强行限制、控制孩子怎么花自己的钱。中国很多父母都不知道这样做的重要性，没有钱的界限感，这也是我们的社会中有些人公私不分的文化根源之一。

十二三岁的孩子就要复杂一些。青春期的逆反、对父母的依赖与反抗、社会性敌意、社交需要都让孩子想到钱。父母要学习如何在用钱方面与孩子谈判，什么东西可以买，什么东西不能买。这里面的心理关键点是：钱不是万能的。很多孩子觉得富裕是令人羡慕的，没钱会被同学瞧不起。所以不要给孩子买过于高档的衣物，别说因为家里没钱，要说："作为一个初中生，在学校里要随同学，同学们怎么生活，你就要怎么生活，不能因为家里经济比较好，你就要活得和别人不一样。"在学校没有贫富的区别，只能在学习上、运动技能上、生活管理上去展现自己的能力。家境不好的父母也不要过于强调没钱，不要拒绝孩子正常的经济要求，如正当的集体活动需要钱，一定要帮助孩子达成愿望，让孩子过有尊严的生活。如果这个阶段处理不好，孩子对钱会形成不恰当的观念，如仇视富裕的同学或者瞧不起穷的同学，喜欢用钱来寻求自尊，这样往往会种下资源浪费、无节制生活、奢华或经济犯罪的心理根源。

到了高中，青少年常常有独立意识，追求特别。这个时候，爸爸妈妈可以允许他多存一点钱，如平时积攒的零花钱、过年得到的压岁钱，孩子都可以自由处理。孩子在买一些爸爸妈妈并不认同的东西时，家长也要学会不过问，不去讨论他的选择。当孩子要买一些大件的东西需要父母资助的时候，如信里说的数码相机，父母要学习如何分解孩子的需求。一个数码产品可能要花4000元，爸爸妈妈可以说：“你的想法很好啊！但相机是你需要的，你要为买它承担责任，父母可以帮你，为你出2000元，但剩下的2000元你得自己想办法。”孩子如果说他没有办法，家长可以建议孩子先从父母这儿支取，以后从每月零花钱中扣除，也可以让孩子承担额外的家务来抵账，还可以帮孩子找一点社区的工作，从中得到报酬等。这种经历很重要，它可以帮助孩子体会花钱的压力，学会管理钱和如何筹到足够的钱。聪明的父母往往在等待这一刻，好对孩子做顺势教育。空谈钱的管理是没有意义的。这还会让他对金钱的概念更深刻，因为孩子想买什么就能买到的话，会对金钱没有概念，今后在资产的管理方面会出现问题。有些女孩可能是因为心情不好，会买些无用的小东西，只是为了取悦自己。对于这种情况，父母要及时疏导，不然，孩子长大后可能就会花钱无节制。

在对孩子进行金钱观教育时有两个技术，这两个技术用在初中以后的孩子身上非常有效。第一个技术是上面提到的部分满足技术。“好，你当然可以去买了，爸爸一定支持你，不过爸爸只能支持你20%（或30%、50%），其他你要自己去攒。”另一个叫欲望延迟技术。很多孩子买东西很冲动，突然特别想买就开始磨父母，“给我买一个，给我买一个”，这个时候如果父母反对，孩子就被挫败了，孩子在这个过程中要得到心理安慰，有时他并不是真正想要那件东西，只是一种没有经过思考的欲望。这个时候爸爸妈妈就要说：“虽然那个东西不错，我们也愿意给你买，但要等一等。”让孩子的欲望延迟一下，延迟对他的心理是一个很好的训练。假设孩子想得到一个东西又能等待的话，就说明他有能力控制和管理自己。

李子勋支招

如何对待追求名牌的孩子？

如今社会是一个崇拜名牌的社会，很多产品都在创名牌。名牌质量上乘，价格相对要贵一点，但并不是说名牌的东西一定好，买名牌就是攀比，实际上，现在的消费理念就是鼓励大家购买名牌。名牌有很多的前期投入和付出，对产品的质量要求也很高，如名牌的铅笔芯可能是不易折断的，柔性好，画出来的线流畅、美观，质量差的笔芯会急死人。现在国家鼓励大家消费，鼓励大家把钱拿出来消费使之流动起来，这也是经济发展的需要。当然，大家不能在生活上浪费，如大吃大喝，或者花在那种对别人不好、对自己身体也不好的消费上，那就没有意义了。家长也要适当地鼓励并挑起孩子的物质欲望，孩子的欲望减弱，自我发展的心理动力也会减弱。很多成年人懒散，得过且过，抑郁，对什么都不感兴趣，往往就是欲望不够所致。贫困家庭长大的孩子对钱的欲望很高，他们刻苦学习，想通过考大学来改变自己命运的欲望就强。要保持孩子的欲望就不能完全满足孩子，让孩子经过努力自己达成愿望。

孩子小时候，让孩子吃饱穿暖就可以，一般的孩子不会追求名牌，名牌观念是大人或社会给他的，大人可以不去理会这样的东西，不给他买就行了。12 岁以前的孩子并不是那么坚持，大都人云亦云，同学买了一双鞋，他说好，就想买，爸爸妈妈可以买其他便宜好看的东西给他。但是孩子 12 岁以后，父母就要开始更加尊重他的感受了，如果他的环境里同学都穿名牌，那么如果家里经济不困难，满足他的欲求是对他自尊的保护。因为对个性怯懦的人来说，贫穷会使他失去自尊；对个性很强的孩子来说，贫苦却是他最好的动力。其实每个孩子都会在社会化过程中与自卑做斗争，困苦的生活会让一些孩子变得更强，成为杰出的人，也可能让一些孩子因此抬不起头来，成为自卑的人。

当然，花钱的事情可以从两方面来看。第一，钱并不重要，重要的是身体，是自己。比如说有的人非常累了，都走不动了，却还要去挤公车，如果他没有经济负担的话，就没有必要这样去省钱。第二，钱是重要的，花钱要花得有价值。比如说篮球运动员，买弹跳性和舒适性都很好的耐克运动鞋能帮助提高篮球技术，这是值得的，但如果什么运动都不做，只是为了穿名牌，非要耐克，这样花钱就没有价值。就这封信来看，父亲同意给他买尼康相机，过问一下他喜欢摄影，用尼康做了摄影没有，是不是到野外采风了，有没有研究摄影技术、看类似的书籍杂志。如果他没做过，只是觉得尼康好，就买了，现在又要买数码相机，父亲就要拒绝。总之，小时候对孩子的欲望，大人可以做积极的引导，到了青春期以后，大人要更多地去考虑孩子的感受。

有一个读高二的单亲家庭的男孩想买名牌衬衣，大概需要近1000元。他身边几个朋友（男同学）都买了那种衬衣，他也一定要买。他16岁了还没有一件像样的衬衣呢！妈妈过去总在小摊上买减价的衬衣，他现在是高中生了，一定要有穿得出去的衬衣。妈妈同意了，跟孩子去了大商场，一看价钱就吓了一跳，坚决反对。儿子觉得妈妈不关心他，和妈妈的关系变得很不好，甚至用不学习不做作业来反抗。我跟这位妈妈讲了这个技术，妈妈回家后答应存钱为他买衬衣。妈妈开心地说："我们每个月存200元，存四个月，到第五个月我就可以给你买了！"孩子很高兴，与妈妈关系好了，学习又开始用心了。过了两个月，孩子看着每天为钱精打细算的妈妈说："你不要存钱了，我现在不想要那件衬衣了，我看到一件80元的衬衣，也很不错，我要那件。"跟妈妈关系好了，自然就会心疼妈妈。

给孩子机会，让孩子参与进来

我不想活了怎么办？

我现在心中承受着巨大的压力，有时候真想死了算了，虽然说男儿不轻言“死”字，但是我真的受不了。我父亲很晚才生我，我现在才 18 岁，但是父亲已经 64 岁了。我家有 7 口人，两个姐姐，两个哥哥，只有我自己在读书，父母在家务农，一年到头没有多少收入，加上他们年岁已高，所以再也没有能力像以前供我小哥哥那样供我读大学了。哥哥姐姐虽然多，但是他们已经成家立业了，有自己的家，根本顾不上我，他们也没有多少时间回来看父母，只有小哥哥回来过几次。但是如果靠他供我读大学当然也是不可能的。我父母为了供我读大学什么都不顾了，整天起早贪黑地干活，他们多养了两头猪，想以后卖了给我交学费，这些我都看在眼里，记在心里，也很心疼。我小哥哥是一个干部，手头也有一些钱，但是嫂子管得太死了，父母也没给他什么钱。我哥哥以前也说过要接父母到他那里去住，去享清福，父母没有去。因为还有我在，我还不能自立，还没有读大学，妈妈非让我读大学，所以他们还在操劳。

我一直认为自己是一个多余的人，再加上一些邻居的风凉话，我更加无地自容。如果没有我，我们家该多快乐啊。因为有我，父母要向我哥哥姐姐开口借钱，为此总是有一些会闹翻天的事情，把感情搞得很僵。反正都是我的错，我不应该来到这个世界上，我连累了亲爱的爸爸妈妈，我也看透了这个金钱世界。唉，人生啊，无论我怎么办，好像都不可能做好，老师能不能帮一帮我呢？

18 岁正是阳光灿烂的时候，很多人正在享受青春，这个男孩却觉得自己的生命该结束了。这封信让我们看到一个现实，孩子 18 岁了，眼睛看到的东西和大家看到的不一样。如果换一个人来看他的家庭，看他的生活，可能会有另外的描述。其实很多问题都是“看”出来的，别人会说这个孩子好幸福，他是最小的一个，“皇上爱长子，百姓爱幺儿”，爸妈都疼最小的。这个男孩正是这样，他从小就生活在爸爸妈妈、哥哥姐姐的关照里。尽管现在爸爸妈妈老了，但能够工作，还有精力，而且还过着一种很有意义的生活。他们要帮助孩子上大学，活得很有价值。他们养猪也好，受苦也好，都是对生活自愿的选择，这样的选择对他们来说很重要，他们需要继续照顾这个已经长大的 18 岁的孩子。

我们可以反过来看，其实这个孩子是很重要的，他的重要在于无论是在父母心目中，还是在哥哥姐姐心目中，他都是独一无二的。哥哥姐姐虽然没有过来直接关照他，但内心也许在想，“我们有一个弟弟要去读大学，要为我们家族去争荣誉了，我们会为这个弟弟骄傲。”中国传统文化中有这种说法：老大齐家（继承家业），老二卫国（当兵打战），老三定邦（读书安天下）。这个弟弟从小就立志要去上大学，是家族的骄傲，是家族的希望。奋斗者总是孤独的，这个孩子感觉到的落寞，正是与他奋斗的心匹配的。

同样的事情为什么会有两种甚至更多的描述？关键在于我们怎么来解释问题。这个男孩感觉到了痛苦和困境，这个困境是内心的困境，并不是现实的困境。为什么是内心的困境呢？爸爸64岁，64岁并不是一个很老的年龄。我们认识问题的时候，会看到由于我们的视角不同，对事物解释的方法也不同，会给内心带来不一样的感受。写信的这个孩子是以一种负面的方式去看待事件和现实的，得到的自然是困扰、痛苦、烦恼，感觉没出路、没希望。所以他才说出“我不如死了”。他觉得自己不重要，是一个无足轻重的人，是一个没有意义的人，是父母的拖累。我们换个角度看，用积极的、正面的眼光看待这件事，就会发现，这个孩子对家族是非常重要的，是非常有价值的。

一个人如果认为自己重要，不仅对自己重要，对家族、对身边的人、对这个社会，甚至对整个人类都是非常重要的，他的生活一定会充满意义和动力。想象生命就像江河，你只是其中的一滴水，每个人都只能成为生命中的一滴水，不可能独自成为江河。如果没有每一滴水，就没有江河，它的意义在于你是人类生命的一部分，要对生命负责。这个男孩要改变自己的视角，要用积极的眼光看待生活，如果做不到这一点，势必一辈子痛苦。即便现在过了这道坎，考上大学了，如果他按照这种方式生活，仍然会有很多困扰和痛苦，他应该换个视角来看这个现实。

这个孩子确实有客观的困难，但这个困难有时间性，不是永远的困难。例如，现在因经济比较困难导致上大学比较困难，但是还有很多助学基金，如果他考上大学，即便家庭没有经济能力，还可以利用社会救助，起码还可以贷款读书。现在的困难只是暂时的，如果觉得这个困难是永远的，就无法突破它，而暂时的困难恰恰是一个发展的动力。孩子会更努力读书，为家族挣脱贫困出一份力；会主动承担生活的责任，面对挑战，不让爸爸妈妈操心。他会想：我要用完美的高考成绩来回报我的父母，让他们知道我这个儿子是一个很不错的儿子。

所以，这封信里掩藏着的信息，就是孩子学习可能不理想，不能回报父母的辛劳，他有些害怕了，无意识地要逃避责任了。当然，这是孩子心理的自我保护，当他这样想，这样痛苦，甚至想死的时候，对父母的内疚就转移了，这样他就成功摆脱了伦理上的焦虑。对这个男孩的父母来讲，如果知道孩子有这样的想法，首先要和孩子做一个讨论，让孩子参与一些家庭工作，把孩子纳入挣钱的计划中，让孩子感觉自己也在出力。父母要多跟孩子商量，让孩子投入家庭事务，分担责任，这样的话，孩子就会觉得自己活得很有意义。爸爸妈妈大包大揽，对孩子讲“你就好好读书，什么都不用管，爸爸妈妈再苦再累，不吃菜不吃肉都给你挣钱”，这样的话会让孩子有一种被剥离感，有劲无处使。如果孩子学习不那么顺利的话，他就处在一个困境里了，感觉没有出路，只好通过死来了结。

其实我们要给孩子留一个机会，让孩子参与进来，承担一些责任，让孩子有脸面在高考不理想的情况下活下来，并在邻里兄弟之间活得有尊严。家长可以倾听孩子的建议，如对大学费用的建议，或者是节约的建议。一开始就让孩子参与攒大学学费的计划，让孩子觉得他在这个计划里面是主导，让他来安排一些事情，这样的话，他过得就不会这么无意义，不会出现抑郁状态了。相反，如果家长剥离了孩子的能力，不让孩子参与，自己又太苦太累，孩子爱父母，就会很难过。这个男孩很善良，对爸爸妈妈的感情非常深厚，非常爱他的父母，这样的孩子是很可爱的。父母只考虑孩子，不考虑自己的做法增加了孩子的心理压力，让孩子有创伤感和心疼感，反而使孩子不快乐。

李子勋支招

帮最小的孩子长大

一般来讲，最小的孩子成长得比较缓慢，内心比较单纯、幼稚。爸爸妈妈生他的时候年纪比较大的话，通常能够心疼孩子，而年轻的父母有些时候不是很在意孩子的需要，比较莽撞，比较自我。但是过了四五十岁的父母再有孩子的话，对孩子的关心就比较细致，所以常常对最小的孩子比较溺爱，会尽可能满足他的需要，对他的要求放得比较宽，不像管长子，或者不像期待长子那样要求他一定要成功，一定要有能力，一定要给弟弟妹妹做一个榜样。从心理学分析看，最小的孩子的心理发展容易出现两种倾向。一种倾向是变得很逆反。最小的孩子最容易逆反，容易走一条不符合家族风格的道路，甚至有一些反社会行为。另一种倾向是幼稚，变得比较孩子气，比较脆弱，不喜欢承担责任，喜欢逃避一些责任。例如，自己不做决定，让父母做决定，责任也由父母来承担。最小的孩子只要能加强与社会的接触，多交朋友，从同龄的孩子里找一个合适的成长模式，也能很好地发展。

最小的孩子更需要自我认同。一般 18 岁的孩子已经过了自我认同的年纪了，孩子十四五岁的时候，会觉得自己很重要，是独一无二的，这个世界离了他就不行，过去还认为自己有很多缺点，过了 16 岁发现这些缺点就是自己的特点，甚至是优点；个性方面也不像过去一样，别人说什么就是什么。一般来说，孩子 16 岁时就要完成这个自我认同，如果还总觉得别人好，自己一无是处，可能就是问题。儿童发展心理学有个词叫“同一性危机”，就是指自我不能认同自己，产生对自己、对社会的信任危机，自我边界瓦解，自我意识缺乏等。例如，孩子成年后还在关注自己的缺点，认为自己这不好，那不好，长得不漂亮，身材也不好，还在自我挫败，就是同一性危机没有处理好。这样的人会慢慢发展成一个心理弱者，或者是一个神经衰弱的人，纠缠在内心的痛苦中。十四五岁的孩子很狂妄，藐视权威，认为大家都毫无意义，自己内心的世界才是美好的。这样的想法对每一个个体来说都是非常重要的，人要意识到自己是这个世界上独一无二的，自己的生命是有价值的，自己对身边的人是重要的。如果有这样的认同，就不会陷入悲观，不会轻易想死。写这封信的男孩说“我不重要，好像有没有我都没关系”，自己不重要，社会当然也不重要，接着就是他对社会的反感，认为这个社会是一个金钱的社会。所以，只有喜欢自己的人才会喜欢别人、喜欢社会。只有爱自己的人才有能力爱他人、爱这个世界。

不要为自己建构创伤体验

我讨厌父母怎么办?

我现在已经是武汉一所大学的本科生了，刚刚升入大学，一切都是陌生而新鲜的，但是每当我想起往事心中就痛得滴血。

小学到初中二年级我是在无忧无虑的环境中度过的，父母关心我，亲友老师爱护我，我学习成绩好，同学也羡慕，一切都非常美好。可是在初中三年级的时候，我遇到了一位非常严厉的班主任老师，他很爱发脾气、打人，班上成绩差的他不管，成绩好的同学他几乎都打过，他打人的样子是我见过最凶残的，不但用拳头打，还用脚踢。有一次因为一点小错他对我大打出手，从教室前面一直打到教室后面，从那一刻开始，我的心就碎了。我跟父母说，但他们不理解我，反说是我的问题。后来我就不爱上课了，经常迟到、逃学，心情低落，精神萎靡，对学习失去了兴趣，晚上失眠，甚至想辍学。可是父母见到我这个样子就不断地逼着我去上学，每次我逃学他们总是找我，又把我送到学校，有时候我心情恶劣，在家乱扔东西，他们就打我，我的心被一点一点地撕裂。

到了高中，本以为换了一个环境的我会忘记过去，可是我做不到。我开始讨厌父母，高中三年，我回家的次数很少，即使是过年我也不愿意回去，而是躲在亲戚家。因为我一回家看到父母和我的房间，心中的伤疤就又被触动了。我恨他们，对他们态度不好，我的亲戚就一起骂我，说“父母辛辛苦苦地供你读书，你却这么对待他们”，指责我不懂得尊敬师长。整个高中三年我都是在痛苦压抑中度过的。我本来从小性格活泼又开朗，可是经历了这些，我渐渐开始孤僻了，不跟人接触，对学习没有兴趣，整夜失眠。为了给我治疗失眠，父母也曾经找过很多医生，可是一点效果都没有。在治疗当中我明白了自己已经患了心理疾病，可是家里实在太穷了，为了治我的病已经花了很多钱。

接下来的高考对我又是一个打击，儿时的伙伴、身边的同学本来都没有我优秀，可是都考上了很好的大学，唯独我只考上了一所三流大学。我害怕听到亲朋好友对我的议论，更害怕别人看我的眼神，我开始逃避，不跟任何人接触。来到这所大学后，我仍然十分孤独苦闷，我想忘记过去，可是我做不到。我仍然恨我的父母，我没有办法忘记那伤心的往事，我觉得都是他们造成的，我没有办法摆脱痛苦的煎熬。我想问一问李老师，我究竟该怎么办呢？

我想这个事情不能完全怪父母。首先这个老师的做法就是很糟糕的，因为一个初三孩子的心理还比较脆弱。很多孩子在发展过程中常会遇到此类事件，这种事件激发了一种心理效应，叫作“扳机效应”，就像枪扣了扳机，然后子弹就不得不打出去了。小学四年级到初中三年级这个阶段的孩子都是比较脆弱的，他需要慢慢地适应社会。人的基本要求是安全感，然后是尊严，老师打骂他使他没有安全感，没有尊严，他会突然觉得自己生活在一个不能控制的环境里。像自然界的小动物，在慢慢探索外界时，要先找到逃回妈妈身边的路，如果能够快速地跑回去，它会觉得安全，对外部世界的认识与接纳也会变得容易。

这个孩子感觉环境是无法控制的，跑回家里又得不到爸爸妈妈的理解。不过，他在对待这个事件时，选择了一个看起来非常无效且糟糕的方式：他把愤怒指向了父母，以至于自己变得四面楚歌。当然，父母如果在这个时候能跟孩子适当地共情，情况会不一样，孩子将获得安全感，得到心理缓冲，就不会觉得学校老师还那么可怕。不过，听这个故事，仿佛是这个孩子故意要为难自己，要斩断自己与家庭的亲情，让自己承受更多成长的痛苦。这些被创造出来的痛苦有没有意义呢？我觉得是有的，尽管我还猜不出，但相信有一天孩子会从这样的痛苦中获益。

另外，他对打骂他的老师的理解也是片面的。因为我们必须假定老师的动机是善意的，老师愤怒地打孩子，从动机上讲并不是想伤害他，不然，我们会不安全，会觉得老师本身是一个恶魔。如果我们总把别人当恶魔，自己的心情会不好受。一般来说，老师的愤怒可能来源于一个动机，就是希望孩子学习好。这个孩子在事件发生的时候还无法判断老师恶行中并存的善意，他感觉到的是痛苦，没有面子，没有尊严，在同学面前抬不起头。所以他产生了愤怒、逆反、反传统意识以及学习上的困难。但是这个阶段延续那么多年就不自然了。孩子在心理创伤事件发生后的一两个月处在焦虑中，包括上学的焦虑是可以理解的，但把这样的事泛化，并由此改变了成长的方向，就是孩子自己参与进去了。初三的时候被老师打骂过一次就终身不能释怀，那会是谁的责任更大呢？当然是孩子自己的责任更大。他把这件事情作为一个理由，一个解释各种不顺、失败、挫折的理由，而不想自己去承担责任。但我们看见，这只是一个理由，绝不是孩子不那么顺利的原因。

从生物学上无法解释一个孩子被人责打后突然就变糟了，如果他变坏的话也是他内心做了一个决定，或者他内心早已有诸多对现实的愤怒，挨打只是一个激发点，不是原因。当时的痛苦我们可以理解，是存在的，但终身人格的改变和生活的改变，却要有内心的决定才行，这个决定不是老师做的，也不是家长做的，而是他自己选择了这样的路。他信上说不愿意上学，逃学，结果学习越来越不好，考试没考到一个好大学。孩子认为这些错误是父母带给他的，其实从一个旁观者的角度看，孩子的很多行为是自控的，不是被迫的。

父母的责任在哪儿？父亲的责任在于不了解孩子的痛苦，没在非常关键的时候给孩子支持。因为孩子把这件事情告诉了父母，父母完全可以去找老师申诉，或者找学校申诉，但家长没有这样做，导致孩子失去了一个很好的康复时期。而孩子的问题是：他用这个事情做了壳（防御），让自己躲进壳里退化了，成了一个比较消极的人。

孩子对这个老师的指责是他给孩子带来了心理创伤，实际上每一个孩子成长的过程中都会伴随着创伤体验，这是成长需要的，如果一个人说他从没有过创伤，那是压抑的结果。如果孩子没挨过打，也许谁的一句话、一个态度、一个表情都会给他造成痛苦，或者爸爸妈妈忘了给孩子生日礼物，也会给他造成创伤。但是每个人都有自己愈合创伤的能力，这个能力就是成熟的标志。如果孩子遇到这样一个创伤不能愈合，那么就说明他不愿意成长，不愿意去接受。生活本身就是艰苦的，一个人成长过程中可能会被无端地伤害，被同事、朋友、邻居欺负，导致自己丢面子或失去自尊心。但这只是生活中一个小小的部分，因为绝大部分的生活、绝大部分的自我还是好的，如果你把它看成是全部，"老师打了我，我就不好了，我一辈子都好不起来了，因为我受到创伤了"，那结果他就真的不能好起来。所以我想告诉这个孩子，老师打你可能给你带来了创伤，但这个创伤对你的伤害，远远没有你自己的生活态度变得很消极的伤害大，真正伤害你的是你的态度。当然，我们承认老师有责任，家长也有责任，但是这些责任都没有孩子自己的责任大，他应该对自己的生活负责。因为爸爸、妈妈、老师不会对他的生活负责，真正对他生活负责的只有他自己。

面对困境怎么做？对这个男孩来说，目前有两件事要做。一是从现在起要重新做一个决定，就是他是不是要过一个积极的、有价值的、有责任感的生活。他要选择哪一种生活，是消极逃避的生活方式还是对生活做积极反应，重新建构一种有效率的生活方式。二是他要尝试换一个角度来思考过去发生的事情。只有宽容伤害他的人，才能真正从伤害事件里完全地康复并走出来。要做到宽容，他就必须思考老师的善意，还要明白很多痛苦是青春期的逆反和压抑叠加所致的，还有过度需要父母认同及缺乏自律的因素在里面。他必须去思考一些带有正面意义的东西，如我们经历的东西是谁来决定的，是从中获益还是遭灾，痛苦体验是不是一种财富等。直到有一天他宽容老师了，他觉得老师虽然打了他，伤害了他，他还是能理解老师，还是能尊重老师，到了这一天，这个孩子的心理创伤就算完全康复了。

其实很多伤害都是慢慢被自己建构出来的，如果总用负面的、非常灰色的情绪来对待以前的事情，去回忆，就是把创伤活化了。所以这个男孩必须做一个内心的决定，告诉自己要做些什么，今后要怎么做，如果他不做这个决定谁也帮不了他，心理医生也帮不了他。为了达成这样的目的，心理医生会帮助他做一个假设："假如你的老师从没有打过你，父母一直对你很好，但你的境遇还是这样，你会怎么想？"他必须自己站起来说，"其实过去的事情早就过去了，应该重新来过。我面对的选择有很多，我还年轻，才大一，今后的生活有很多的机会，我干吗老要生活在过去呢！我要寻找突破的机会，现在就开始准备，尤其在学习上我要投入更多的热情，尊重父母……"如果他真做了这样的决定，问题自然就会变小并慢慢地消失。

对他的父母来说，出现这样的情况是因为没有觉察到孩子需要帮助，没有意识到孩子处在创伤的痛苦里。所以有机会的话，应该多给孩子一些鼓励和支持，少批评，尤其是不要让亲友来批评自己的孩子，不要把矛盾扩大到亲友的体系中去。因为孩子在家庭里跟父母产生冲突往往是因为亲子关系的依恋引起的，一旦扩大到亲戚系统里，孩子的尊严和人品就会受到影响，创伤就会加重。父母要学会在亲友面前多说孩子好话，给孩子建构一个关心父母的好形象。

李子勋支招

用温暖抚平创伤

是不是任何儿时的创伤都是由自己慢慢建构出来的呢？父母真的就没有什么责任吗？

不是的。很多儿时创伤会影响人的一生，甚至造成缓慢的人格与世界观的改变。但这封信是孩子在大一的时候写的，对 19、20 岁这个年龄段的孩子来说，更多的是让孩子感觉自己是有能力的。如果强化他的无力感，说他是创伤的受害者，会进一步挫败他的努力。看得出来，我正试图将问题淡化并改变问题的意义，淡化老师的恶意和父母的问题，让孩子意识到自己在痛苦事件中的作用，引发孩子对自己的觉察，这是对孩子正面力量的一种激发与试探。如果孩子接受了这样的解答，出现了好的改变，说明孩子的内心已经准备好变化了，他只是希望通过跟医生的对话来求证而已。如果没有什么变化，甚至更加愤懑，那么他还没有准备好，还想利用过去的事件让自己获得更大的自由，承担更少的责任，那么我也不会强行地去干涉他，当然也许我会提醒他可能因此失去更大的利益。利用过去的事件获得一种行为或认知的自由，是人类天赋的本领，这里有一种惯性，比如一个孩子病了，却因为病而获得他渴望的玩耍的权利，这个病就会好得慢。

作为心理医生，我们要考虑当事人的利益。过去事件的痛苦他想得太多，但对痛苦的意义与自己的责任却想得很少，我们就要促使他去想，看看强化了问题的另一面会不会让孩子的感觉不一样。父母是有很大问题的，这些问题有个人性格上的，也有家庭文化传承上的，但这方面孩子已经愤怒了很久，我当然不想加深孩子对这方面的关注。看看自然界，天上出现老鹰的时候，母鸡会不顾安危地展开翅膀，保护小鸡。麋鹿在面对狮子的时候，会把孩子挡在身后。人类的父母受限于许多文化观念，太拘泥于对错，不仅不能为孩子的权益去争取，甚至禁止孩子在家庭里自如地谈论和发泄对环境的不满。这样的家庭就失去了足够的温暖，失去了心理缓冲的功能，慢慢地，家就变成一个让孩子感觉窒息的地方了。

只有父亲才能引导一个男孩成长

与父亲冲突严重怎么办?

有时候我真不知道自己怎么了，都快22岁了，到底怎么回事啊。可我真觉得自己是独生子女当中最倒霉的一个，怎么说呢？我老是跟我爸爸过不去，从小就是这样，而且我越来越看他不顺眼，冷战都十几年了，真的很烦人。我现在的工作还没有着落，有能力的话，我想我第一个行动就是搬出去住，远离这个家。

其实在别人看来，我们这个家也还是不错的。以前父母都在一个单位工作，后来在街边的房子里做起了生意，再后来我当兵回来之前，家里盖起了楼房。不过，我还是很想念过去的老房，我最美好的回忆和时光都是在童年时代，都是跟老房子相伴的。那时家里并不富裕，但是我能感觉到父母很爱我。后来，我年龄慢慢大了，他们对我的要求也越来越多，我和父亲的对抗也开始了。其实，小的时候我很怕他，他两眼一瞪我就把头低下。可是随着我慢慢长大，我跟父亲的矛盾和冲突越来越激烈，他看不惯我，我也看不惯他。其中我最看不惯的就是他的小气、吝啬，还有自私，有的时候甚至觉得他非常虚伪，总之他的缺点都暴露在我的眼睛里。所以很多时候我跟他顶嘴，会说出许多令他生气、挖苦他的、很重的话，想把以前受到的所有压制和愤怒都发泄出来。他也一样，话很重很狠，我们谁也不让谁。可能我们都很要强吧。可那时候就是这样，如果不让说出来，我就更难受了。

另外，父母在我小的时候闹过一次离婚，他们当时口口声声说为我好，后来就放弃了。现在我大了，我觉得他们的很多做法对我起到了相反的作用，比如说我的性格，非常内向，见了生人很不自在，总之我是一个逆反心理非常严重的人。

这是一封22岁男孩的来信，讲述了他和父亲之间的矛盾、对立。

我们先来看看男孩和爸爸的关系是怎么发展的。男孩最开始常常是对妈妈形成依恋，因为小时候是躺在妈妈的怀里吃奶，被妈妈抱着睡觉，所以一般男孩在2岁以前很容易和妈妈形成依恋关系。在这种依恋中，常常会有父亲插入进来，所以最开始他对父亲是排斥的。我们能看到很多很小的孩子，父亲要抱他，他不愿意，总让妈妈抱着。

2岁以后，他慢慢懂事了知道自己还有一个爸爸，而且爸爸是这个家庭不可分割的一部分。在 2 岁以前他不能充分意识到，他认为爸爸应该被排斥掉，最好少来烦他，少来影响他和妈妈之间的关系。2 岁以后，孩子开始慢慢接受爸爸，但是在接受爸爸的过程中，他也不愿意放弃对妈妈的控制，所以心理学家弗洛伊德曾经讲过，2—5 岁之间的男孩有恋母色彩的情感，他的恋母表现常常不是对妈妈多好，而是对爸爸的愤怒，即对爸爸的排斥。例如，孩子在 5 岁以前会偷偷说爸爸的坏话，在妈妈面前说爸爸干什么坏事了，这是无意识的，并不是有意要害爸爸，但是他总觉得爸爸妨碍他跟妈妈的亲密。实际上，爸爸会强行插入母子之间，把这个男孩从妈妈身边拉开，使他度过这个依恋的困境。因为依恋的困境会让他不愿意长大，只有父亲才能引导一个男孩成长。

孩子在 2—5 岁有一个过渡期，就是从依赖妈妈到开始崇拜爸爸。他们发现爸爸能力很强，能给家庭带来很多好东西，而且带他冒险。这时候妈妈对孩子的保护使孩子感觉受限，失去很多快乐，爸爸却常常鼓励孩子爬高、打秋千，或者做些激动人心的事情。5 岁以后，男孩会慢慢形成对爸爸的崇拜，崇拜爸爸也意味着对权威的认同。他开始学习讨好爸爸，讨好爸爸的目的是希望自己得到爸爸的认同。这个时候爸爸如果挫败他、批评他、打他、骂他，或者对他很冷淡，孩子就很难形成对爸爸的热爱，也很难获得与权威相处的经验。小时候被爸爸挫败可能会激发一种心理恐惧，对权威的恐惧。这样的孩子长大以后无法和自己的上司、单位的领导，或者带有权利色彩的人搞好关系，他有一种莫名其妙的畏惧感，莫名其妙地想和这样的人保持距离；往往还会伴有被拒敏感，不敢对人提要求，也不敢对人说“No”，拒绝别人的要求。

信里这个孩子谈到了小时候非常怕爸爸，可能是在5岁左右他想接近爸爸的时候没有得到积极的响应，没有获得必要的共情和支持，也很少得到表扬。男孩对爸爸的认同欲望是希望爸爸能够接受他、爱他、喜欢他，这个孩子被挫败了。如果这个阶段他过得不错，爸爸给了他很多支持，表扬他，表现出无条件地爱他、接纳他，他的心理就会稳定地发展到12岁。12岁的孩子面临家庭情感向社会情感的转移，慢慢地，他把跟父母的关系看得不那么重了，把跟同学的关系、跟老师的关系看得很重。这时孩子会逐渐忽视对爸爸妈妈情感的需求，开始拒绝父母，父母给的爱，他会拒绝，父母拍拍他的头，他会说“干吗动我”。他表现出一种不想和爸爸妈妈亲近的心理倾向，转而去崇拜社会权威。

如果他的爸爸是一个值得崇拜的人，他会继续和他保持良好的认同关系，如果爸爸在社会上是一个弱者，在家庭里也有很多问题，孩子就会对爸爸表现出强烈的否定和攻击情绪。这个男孩说爸爸一身毛病，小气、吝啬、自私，还虚伪。一般12—16岁的孩子有一个极端思维，孩子有完美主义色彩，把任何事情都看成是绝对的。这个时候他很容易发现父母的缺点，因为父母毕竟是活生生的人，不是完美的人，孩子对父母的问题敏感。一旦找到父母的问题，孩子就有理由否定父母的权威了，尤其是爸爸的权威，然后就有理由按照自己喜欢的样子、喜欢的生活方式去生活了。所以，对父母的愤怒这个过程是有积极意义的，并不全是消极的。一个孩子要慢慢转向社会角色，要充分地社会化，要成为一个对社会有用的人，就必须从否定家庭情感开始，这个否定会引发一个心理成长的艰难岁月，因为他否定父母的同时，也在否定自我。

22 岁是男孩开始重新认同接纳父母的年龄，最晚到 25 岁，男孩会有一个很明显的回归家庭情感的倾向。恋爱其实是寻求家庭情感的再现。当他到了 25 岁，感觉到生活的压力时，再观察他的爸爸，发现爸爸老了，会突然感觉到其实爸爸一直是爱他、支持他、接受他的，并不像他内心想的那样——爸爸不喜欢他。那个时候，他的内心会涌动着一种回归的情绪，孩子会重新回到爸爸妈妈的怀抱，对爸爸妈妈又有了亲密的行为，又可以搂搂爸爸了，知心话也愿意跟父母讲了，有什么困难也愿意让父母给他出主意，家庭重新回到一个和谐的状态。

这封信里的男孩正处于一种回归的准备状态，为什么呢？因为他已经为父子关系痛苦了，我们说痛苦就是觉醒，就是自我觉察。他写这封信，实际上就是在做回归的准备，即使他现在看到爸爸妈妈有很多缺点，但是他在写这些东西的过程中，爸爸妈妈的优点也会出现。当我们谈一个人缺点的时候，优点在自己内心自然就会变得很明显。这个男孩在信中还说到父母由于婚姻出了一些问题，两个人关系处得不是很好，曾经有离异的念头。信的最后说父母很多做法，表面上说起来是因为爱他，但是他自己感觉好像恰恰起到了相反的作用。面对这个问题，我想对他说，我们要理解爱的方式。家庭中很多对孩子的愤怒、批评、苛求甚至伤害，可能都是因爱而起，如果我们能正确解读亲子关系中的信息，我们就不会那么痛苦。

男孩要想真正完成回归，必须在社会上独立。他得先有份工作，能够有独立的家庭，不依赖爸爸妈妈生活，他才能和父母有个平等的位置，才能使这种情感回归发生。假设他到了 30 岁还依赖爸爸妈妈生活，这个回归就不能形成，因为他仍然是一个孩子，爸爸妈妈仍然不会改变态度，他仍旧只能坚持对父母的不满。我们鼓励他尽快在社会上找到一份工作，有一个社会角色，那个时候他就不仅仅是一个孩子，还是一个单位的职工，某个机构的成员，一个社会人。他会马上看到父母的态度变了，尊重他了，不总批评他了。只要他在家里面待着，他就是孩子，但他也可以是好孩子，服从父母，帮家庭做一些事情，如家务事，或者承担家庭的一些压力。这种情况下，他同时也能把与父母的关系调整好。

妈妈的角色和权力是有期限的

妈妈管教太严厉怎么办?

我现在已经是大二的学生了，从小到大我都被束缚于妈妈严格的管教之下。我的学习成绩一直很好。但是我不满足于现状，在这个竞争激烈、优胜劣汰的社会，我想继续读研。也可能是为了让我考上研究生吧，妈妈对我的严厉程度简直令常人难以想象。例如，平时不许我和同学出去聚会，甚至偶尔出去放松一下也不行，还有我不能跟同学去买衣服，如果买了她就怪我，对我说开学了可不能再出去玩了，要玩的话肯定没有好成绩。平时我最怕妈妈了，她的话就像一道命令一样，我不敢说一个“不”字，否则小到乱摔东西、打我骂我，大到躲在屋里大哭，她这一套是我最害怕的，每次反抗都是在我的慌乱以及妈妈的哭声中告终。

我的性格比较内向、孤僻，人际关系当然不好。我曾经想过用写信的方式和妈妈沟通，可是她竟然看都不看，就当着我的面把信扔进垃圾桶，边扔还边说“有什么好看的，你的心思我还不明白”，这极大地伤害了我的自尊心。我流了很多眼泪，已经不知道该怎么跟她沟通了。还有就是，平时我妈妈每个月只给我10元的零花钱，我都舍不得花。但是我唯一的要求就是想自己给自己买衣服穿，她不同意，说我衣服够多了。其实我父母也很少给我买衣服，不少衣服都是好朋友看我衣服少送给我的。我21岁了，不是一个爱追流行的女生，也知道父母挣钱不容易，所以从不乱花钱，但是我需要用自己的一些时间和精力来支配自己的生活，而且我很自觉。妈妈这样，对我的学习其实没有什么帮助，反而使我整天精神很不好，很压抑，很不快乐。我身边同学的父母好像都不这样，他们考试也考得很好。我非常痛苦，痛苦得不能自拔，我希望李老师能拯救一下我的心灵。

首先我们要感觉到，妈妈看来是有些情绪的，她把很多关注都放到女儿身上，好像没有自己的生活。当然，我们不知道这个妈妈为什么那么在意一个21岁的孩子，因为信里面一句都没有提到爸爸，我觉得很奇怪，也不知道她家里还有没有兄弟姐妹，为什么感觉她跟妈妈好像密不可分。

有些时候家庭里会形成这种“结盟”现象，所谓结盟，就是说本来家庭是三个人或四个人，但有两个人紧紧地缠在一块，所有的东西都要求一致。比如妈妈的想法孩子一定要接受，孩子的利益就是妈妈的利益。显然，妈妈想帮助女儿的办法就是跟她结盟，来促进她的成长。从动机上讲，妈妈是以自我牺牲的方式，她哭和吵都是为了孩子，都不是为了自己。不是说“孩子你对我好一点，你帮我做事，你帮我挣钱”，而是说“孩子你要好好学习，将来成为有用的人”。这样的动机应该说是值得赞赏的，但在方法上，她对女儿的教育受先占性观念的影响，如认为孩子总是不懂事的，不太可靠的，不管她年龄多大，必须使劲管住她才能让她成熟。在我看来，这个妈妈太热衷于妈妈的角色，孩子已经 21 岁了，在法律上、生理上、心理上都是成熟的个体了，也有自己的价值体系、审美观念和生活态度，妈妈没有意识到，还孜孜不倦地执行着妈妈的所谓权力。

反过来，女儿又把妈妈的态度看得太重了。21 岁的女孩不管妈妈说什么做什么，都应该有自己的准则，爸爸妈妈表达的意愿只是意愿，不是命令。这个女孩太在意妈妈的态度，以至于把妈妈的一些意愿看成了很大的压力。实际上，这个女孩也希望与妈妈保持一致。她做任何事情都渴望得到妈妈的赞赏和认同，如果得不到妈妈的认同，她就慌乱了。其实，她缺乏足够的自我认同能力，如果她温和且坚决地坚持自己的决定，妈妈就会找到让自己发生改变的理由。看起来是妈妈的问题，透过对妈妈问题的描述，我们同时看到女儿本身存在的问题：自我认同不够，没有那么坚信自己是正确的，没有自我决策能力和自我负责任的勇气。妈妈的哭闹是一种对关系的催眠，用以维持母女的现存状态。如果女儿意识到，妈妈当然会按照自己的心态来说一些话，她哭也好，生气也好，总是希望给自己一个好的建议、好的方向。但是最终要由女儿自己来全盘衡量自己的生活，自己做决定。这样哭闹就不重要了，催眠的魔力也消失了，妈妈也懒得再哭闹。有些时候按照自己的意愿做了，如果效果是好的，妈妈也就接受了。

我们不能单凭这封信就认为妈妈不信任她，要想到21年来母女产生互动的过程是很漫长的，当然我们不排除妈妈有自己的问题，但是这个互动形式一直到女儿21岁都没有改变，就有可能是女儿的行为和态度无意识地鼓励了妈妈。如果女儿总给妈妈很正面的信息，让妈妈感觉到她已经长大了，她已经有能力处理好自己的生活和学习（包括人际关系），妈妈会慢慢解脱出来，关注自己的生活。

当然，如果妈妈处在情感剥离的状态，比如说她离丈夫很远，或者丈夫不在身边，她强烈地需要女儿，希望从女儿那里得到一种家庭情感的话，则是另外一回事。但是这封信并没有告诉我们妈妈在个人生活上不快乐，或者说她没有得到丈夫很好的照顾，我们也不能做这个分析。我们只能说这对母女漫长的互动过程形成了这样一种模式。小时候女孩也许觉得好，“妈妈把我管得很好，很安全，什么事情妈妈都帮我想到了”，她回馈给妈妈的信息是她很舒服；现在长大了，这样管就不舒服了，不好玩了，她也要让妈妈知道她不舒服才行。不要对妈妈所做的事情做是非评判，不要说“妈妈错了，我们这个年代的孩子不是这样想的”。而要说“妈妈，你这样管我，我不开心，我觉得不舒服，有压力，你给了我很多思想负担”。要把这样的话告诉妈妈，你可以说“妈妈说的都是对的，但是你给我那么多对的东西，就让我很有压力，我就不知道自己要做什么”，把这种困惑告诉妈妈。她会想到自己的动机是要让孩子好，让孩子成功，而目前的行为和自己想达到的目的是矛盾的，甚至南辕北辙，这个时候妈妈自己就会调整她的行为。

我想对这个女孩说，妈妈在意你的学习，当你坚持自己的观点时，在学习上就应更积极努力，并有好的效果，让妈妈感觉你是对的。如果你学习不好，妈妈就会很着急，她一着急就顾不上所谓的方法了，也不那么尊重你、信任你，凡事就要你马上按照她认同的方法去做。

怎么去跟妈妈沟通？孩子要站在父母的立场上看问题。爸爸妈妈有法律责任教导孩子，他们会认为如果自己不说一些不好听的话，就是没尽到责任，但是说话只代表爸爸妈妈的一个位置或一个法定的角色。比如说教导孩子要有道德，要节俭，要助人为乐，要善良，要宽容、忍让，要有公益心，很多教导可能不符合现代社会追求成功、追求自我、追求效率的思路，但那是文化优良的沉淀，是为了我们在高度自我发展的时候内心有个道德底线。父母这样教育是必然的，如果我们反感，或者不喜欢那一套，那我们怎么来处理呢？我们要想到，这种反感来源于成长时对权威角色的反感，不见得是对爸爸妈妈说的内容反感，只是对强加式的、不可商量的、不可讨论的话语方式反感。

所以，对孩子来说，有些时候我们可以用一些沟通技巧，当爸爸妈妈用你不喜欢的方式说一些你不爱听的话时，沉默就是最好的交流。沉默看起来是没有交流，但实际上是一个很强的交流，爸爸妈妈说什么我都闭嘴，听完我就走开，如果爸爸妈妈用自己喜欢的方式说话就积极回应，形成良好的互动，让彼此都感到愉快。以后爸爸妈妈自然会选择好的方式，因为他们觉得如果孩子不爱听，说也没有用。这是消退与强化并用的心理技术，在这个过程中你没有冲撞父母，没有表现出不快乐，你只是听，听完了就走开，不做任何表达。当然，如果爸爸妈妈非要你表示一个态度的话，你可以给他一个含混的回答，但是不要丧失自己的权利，不要说“您说的对，我一定照办”，因为这样的话反过来会给自己带来压力，以后爸爸妈妈会说“你看你骗我们，你当时答应了我们，但是你没做”。你可以说“我试试看……”“我得等一等……”“我要观察一下是不是可以这样做……”“我还得想一想……”这些话都不是说爸爸妈妈错了，而是说我需要考虑，把自我融进去，为自我找到一个位置，就是告诉父母：我还有一个位置呢，你们讲完了我还要有一些想法。这样父母想生气也没有理由，想恼也恼不起来。如果对父母说“你们想错了，这样干根本不行，还是我说的对”，就会形成关系的对立，冲突在所难免。

成长需要受挫经验

作为孩子，应该把爸爸妈妈的话好好想一想，爸爸妈妈之所以认为这样好，是因为在经验、文化沉淀、工作经历等各个方面，父母都比孩子丰富，而且他们都度过了青春期，这样说总是有道理的。

其实，父母更多的是表达态度，这个态度如果很鲜明、很简洁，如“你不应该这样做”，这就会产生矛盾。父母一定不要强迫孩子，如果总要孩子说“是”，就有点过于依赖孩子了。这就说明父母很多内心的安全感、稳定感、和谐感都希望从孩子的态度里表达出来，这样的父母缺乏一些心理独立能力。实际上，家庭里面的争吵总是在双方都不认输时才会发生，只要有一个认输，争吵就不会继续。比如打架，要两个人都动手才行；下棋，两个人下得越精彩越投入，双方厮杀就越厉害，但如果一方不玩了，另一方怎么想厮杀都无法进行。家庭里也是这样，必须要有一方沉默才能结束矛盾，孩子不处在权威的位置，如果建议爸爸妈妈沉默的话，孩子的位置就显得太高了，所以我建议孩子要沉默。沉默就是一种态度，表示我不想玩这个游戏了，今天的争议就到此结束。爸爸妈妈也应该懂这个意思，孩子不想讨论这个事情了，孩子只是愿意听，听完就完了，爸爸妈妈也要学会不加以评论。如果家长以为孩子沉默是对抗，就恼羞成怒，那么就是父母的问题了。如果父母需要马上得到结果，就表明心理不太成熟了，或者是父母特别权威，认为不应该被冒犯。

对于青少年来说，他的成长过程必然要走弯路。孩子不可能一出生就是听话的孩子，如果他长大以后很多体验都没有尝试到，有一些该犯的错误没有犯过，也没有过挫败，那么这样的孩子实际上是没有能力的。孩子知道爸爸妈妈说的是对的，但是无意识地还要做一些看起来有点不对的事情，这是为什么呢？这是因为孩子的成长需要这些东西，这些东西就像养分一样。比如说因为做了某件事情被老师罚站，那么孩子就会印象深刻，就知道要守规矩，知道这件事是不符合秩序的，这个游戏规则要遵守，不遵守就要受到惩罚。这样的经验是很重要的，如果完全听话，什么错误都不犯，那么就无法获得成长的经验。

能力越大的孩子责任越大

父母偏心怎么办?

我是一个女孩，参加工作多年，我心里一直很痛苦，因为父母总是偏向哥哥。远在老家的哥哥从小体弱多病，念完大学没有找到合适的工作，心甘情愿地在家待着，脾气很暴躁。父母不敢说他，因为他总生病，妈妈觉得把哥哥生下来就是亏欠了他，总有愧疚感。我觉得，作为女儿应该受到家里更多的照顾，但现在自己不但没得到照顾，还承担了很多的责任，每个月都要给家里寄钱，家里认为妹妹多分担一些是应该的。一次，我给家里打电话，家里说妈妈身体不太好，又缺钱了，不肯去治，我就非常生气，说:“我每个月都寄钱，看病是最要紧的。”妈妈就说:“我们家经济条件还是很紧张，你也不能怪我。”放下电话我就开始哭，觉得家里面一团糟，又没有办法去要求哥哥。我觉得作为妹妹太累了，为什么我就这样呢?父母一个劲儿地护着哥哥，像这种现状我应该如何去改变呢?

从这件事情来看，我觉得痛苦是她内心的一种感觉。作为妹妹，如果哥哥身体真有什么问题的话，妹妹为家庭出点力是很自然的事情。但是从她的故事里我们可以感觉到，她哥哥的病并没有那么严重，因为他可以读完大学，所以女孩抱怨的可能就是哥哥应该分担一些家庭的压力，而不是把家庭压力都放在她一个人身上。这种感觉应该是正确的，可以理解，至于这个家庭究竟发生了什么事，我们不太清楚，哥哥找不到工作是暂时的，还是根本就不可能找到，我们也不太清楚。所以，这个女孩要明白，有些焦虑是她内心的，爸爸妈妈希望孩子照顾家里，只是一个希望，她能做到多少就做到多少，不能够超越自己的能力，不能过多地把家庭的压力和矛盾压在自己身上，因为每个人都有自己的生活。她只能在自己的能力范围内去帮助家庭或哥哥。如果这样想的话，她的压力就会小一点。

不过，女孩内心深处有抱怨，她觉得在一般家庭里哥哥应该承担比较大的责任，妹妹会娇惯一点，但是在她家刚好颠倒了。哥哥为什么能够成为家庭的中心？因为哥哥有生病做条件，他是有病的人，所以他得到了很多利益，最大的利益就是他不用承担什么责任。哥哥得病了，爸爸妈妈要照顾哥哥，妹妹实际上就成了姐姐，开始分担家庭的忧愁，早早就去工作，挣钱帮助家庭。这个女孩对这一点一直没有认同，她觉得这是不公平的。但事实上，当一个家庭面临危机的时候，如果哥哥很优秀，又上大学又有好工作，还帮助改善家庭经济，而妹妹一事无成，只能做一份普通的工作，那妹妹的痛苦会更深。这个女孩的痛苦只是认为，现在发展得不好是因为过早、过多地承担了家庭经济的重担，但是即便换了一种方式，她的感觉也不一定比现在更好。

这个女孩面对偏心的妈妈，心里很不平。怎样才能让她的内心平静呢？实际上，当她承担家庭责任的时候，她也得到了一些权利。例如，她现在可以抱怨父母的生活，可以指导他们，让他们换一种生活，让他们去看病，注意身体健康，她获得了这种权利。一般来说，承担的家庭责任多，在家庭里拥有的权利就多。而哥哥病了，不承担什么责任，他的权利就少，他无法改变家庭现状。其实在很多家庭里，兄弟姐妹都希望别人弱一点，自己强一点，愿意让自己成为中心，很多家庭争斗都是因此产生的。而希望自己弱一点，让别人成为中心，让别人去承担责任，自己躲起来的，反而少一些。

美国心理学家曾经研究过家庭成员之间的争斗，他们认为兄弟之间的矛盾是非常自然的，哥哥天然会忌妒弟弟，因为弟弟没有出生的时候，哥哥是独一无二的，弟弟出生以后，哥哥会很愤怒，他觉得爸爸妈妈怎么会关心那个小东西，而不关心我了，这种忌妒常常是希望自己比对方强。这个女孩也因为一个原因变得比哥哥强，尽管她没上大学，哥哥上了大学，但是哥哥上了大学也不行，哥哥还是没有工作。她变得比哥哥强了，按西方心理学的观点来说，她应该感到高兴，她成长了，她变得很强大。而且不仅是现在，将来她在处理自己生活的时候，也会很有能力。她的能力从小就被培养出来了，她等于天然地获得了一个礼物。本来应该是哥哥强，她弱的，但现在正好相反。她在成长和生活经验方面的确得到了很多，但责任和权利是平等的。当然她也要付出很多，现在她总是在抱怨自己的付出，没想到获得的权利。在今后的工作、婚姻和对子女的教育里，她都会有远远超哥哥的能力。

这个女孩很善良，希望爸爸妈妈生活好。她有工作，有收入，让自己的生活变得更好了，希望爸爸妈妈的生活也更好。也许是因为她能力还有限，还没有那么大的能力来改变家庭的现状，所以她常常为家里担心。

对于女孩的这种担心，我要提醒两点。

第一，女儿的生活方式和父母的不一样。年轻人追求时尚，追求科学的、健康的、时尚的生活方式，一旦达到这种生活方式，常常就会把这种生活方式泛化，希望她所爱的人，爸爸妈妈、哥哥都像她一样，有电话、汽车等东西。但是老年人奉行的是一种简约、朴实的生活方式，他们觉得那些时尚的东西是毫无意义的，一个人吃饱穿暖，有房子住，开开心心就行了。所以有时候，女孩的痛苦和伤心是来源于她想把她的生活方式给父母，让父母按照她的想法生活，因为从现状来看，家里并不是吃不上饭，只是她希望家里把钱花在看病上，但是要知道老年人看病是很舍不得花钱的，尤其是农村的老年人。

第二，这个女孩跟家庭的情感连接还是太紧密了。尽管她独立了，工作了，但是实际上她的大部分情感来自家庭，因为她对家里的事情卷入得很厉害，还在为哥哥的事情着急。一个女孩有工作了，应该慢慢把她的情感转到社会上去得到补偿，交男朋友，和同事紧密地来往，家族方面的情感慢慢地就减少了。人的社会化就是这样形成的，爱还是爱，但不会像过去那么着急，那么被家庭影响。哥哥的事情会令她烦恼，爸爸妈妈的事情也让她痛苦，虽然烦恼是客观存在的，但是不应该痛苦成不能够控制的样子。

所以，她要明白不能用自己的标准去要求父母，而且自己承担了那么多的家庭责任，应该有自豪感。她应该感觉到比同龄孩子成长得快，有能力，因为她不仅能够照料自己，还能照料家庭。此外，在日常生活当中，还要扩大社会交往，把注意力转向身边的人，发展自己的社交圈。一旦形成稳定的情感来源，她就容易认同家庭问题，不容易陷入各种痛苦中了。

教育方式决定孩子未来

在阅读一个心理学治疗的故事时，要注意心理医生会无意识地选择成功的个案，而忽视那些可能更多的不那么有效的个案，让我们以为对类似的问题这样处理就很好。我们的视觉可能因此被局限，看不到类似问题中更丰富的信息，以及个案与个案间显著的差别。如果我们盲目地去模仿，结果很可能会画虎类犬，使问题更糟。

读书最容易引发的一种心理情景是催眠，尤其在读我们所欣赏的人的书时，我们会无条件接纳，失去通常的判断力。当某些信息激发我们内心的异议时，意识会帮助我们将这些信息合理化，让我们感觉一定是自己错了。所以，在就一个个案引出话题时，要时刻敏感地觉察到，每个个案发生的情景都是不一样的，环境是不一样的，文化背景也是不一样的，更不必说还有好多心理医生自身的风格特点。所以，心理学家在某个个案中使用的方法，我们不能想当然地推广。

本书也是按照个案写成，为了不误导读者，我尽可能采用解释的方式，让读者自己去选择怎么来应对相似的情景，而不把所谓的治疗方式直白地写出来。同时，我在有些个案后面加上了一些观点，来补偿解释的不足。

心理学有许多流派，每种流派都有自己的观点，也会有各自的局限与问题。不能说心理学都是对的，健康的心理学知识对90%的人是非常有用的，这些知识可以帮助人们消除或减轻心理困扰带来的痛苦。但还有10%的人，普通的健康心理学对他们不能奏效，需要专门的心理专家与心理技术介入，这些变通的治疗理论是针对某类情景的，看起来不那么符合普遍的“真理”。

大多数心理学理论看起来很美，但实际用处并不大，尤其是对喜欢非主流文化和非主流生活方式的人来说，有些理论简直是有害的。如果你去深入地了解心理学，立即会发现有许多心理学派的理论是有差异的，有些观点甚至是恰巧相反的。但这些纷繁的理论及其派生的技术，似乎同样对来访者起着正面的促进效果，不管你走进哪个心理诊所，医生最终都会让你获益。为什么会这样呢？答案很简单：心理咨询和治疗（包括职业的治疗关系）有它独特的共同原则，对当事人无条件接纳，医生的关怀与人格魅力，平等而有意义的交谈与共情方式等，只要遵循这些原则，来访者就可以产生对自己和世界的新感觉。这仿佛是种隐秘的和谐。其实，心理理论只是改变心理医生的内心逻辑，让他有一个方向，对当事人是没有多大意义的。我希望读者在读这本书时，能够更多地去关注医生的内心逻辑，学习医生看待问题与观察问题的方法，而不要太关注理论与技巧。

心理医生有一个理念上的困境，即当我们在宣传一个观念时，就制造了有关这个观念的新问题。假设我们认为这样是健康的，我们就把很多和我们观点不一样的东西暗示为不那么好或不那么健康。这就可能让一个看起来正确的观念隐含着对某些人、某些文化的伤害，这是我们需要警觉的。社会是多元的，教育孩子的方法也是多元的，亲子关系中也有多种可能性。所以我在写文章的时候，十分警惕用一个理论或技术取代我中立的态度，从而可能破坏多样性和文化并存主义的原则。本书会涉及多种可能性，来减轻我无意中强化的东西对读者的影响。

古代流传一句话，一些医生虽然不是好医生，却是让人感觉安全的医生，因为他们不会把病治坏。不把病治坏的医生就算是好医生了，因为大多数疾病本身可以自然康复。多数心理疾患是人的精神、意志、心理、情绪与环境互动的结果，是个体无意识选择的结果。

不少健康的心理理论和不高明的心理医生是好心办坏事，帮倒忙。他们把本身会随环境与现实的变化而自然改变的心境固化下来，用一致性取代多样性，用普遍性替代个别性。其实，人们的心理冲突绝大多数来源于双重或多重文化与价值观念间的冲突，包括在文化传承与更新间的冲突，当然，也有些是社会群体与个体在行为与情绪上的自发差异性引起的。这样的冲突是心理社会化或心理个别化过程中重要的内容，它是有意义的。心理医生首先应该对这些心理现象（症状）保持高度的敬畏，因为我们真的不知道高度发达的人类为什么会有那么多的精神痛苦，以及这种痛苦是不是人类科学、文明发展的必然伴随品。这些痛苦是否也存在一种自然选择，即有心理痛苦的人能更好地生存。

在不了解实际情况时，心理医生不要盲目干预或改变，我们要先解读出症状的意义。我给家庭做心理治疗时，基本准则是只做些微扰动和促进，扮演一个“捣乱”的人，等待家庭自发的变化，让家庭在变化中释放焦虑和寻找和谐。我的基本技术是将问题淡化，让人们感觉问题不是全部，也并没有真正妨碍家庭的情感交流和正常生活。在有问题的情况下，家庭仍可以保持高度和谐的关系。我会努力寻找问题背后的平衡点，为问题增加新的意义，并通过改变问题的意义，让家庭觉得问题的存在其实只是问题观念的存在，家庭自己会拥有新的选择。

每个心理学派都是不一样的。我比较注重关系疗法，尊重人的权利及个人在成长中的自由。我从不把“心理健康”作为一个标本去宣传，少去说孩子怎么样就是对，怎么样就是错，我认为这种强化本身的危险系数很大。

事实上，具体到个人，很难找到一个真正健康的标准，如果硬套某些标准，会发现没有人真正属于健康的范畴。同样，很难说有一个家庭是完全健康和谐的，这种家庭只存在于概念中或者心理医生的浪漫幻想中。每个家庭既存在欢乐、幸福，又存在愤怒、争吵，存在情感背离、分裂、不平衡……我个人感觉，心理健康只是一种美丽的梦想，如果真有心理健康的人，这样的人可能既平庸又无趣。人需要很多冲突的观念、变化的情绪、复杂的行为，需要索取也需要奉献，需要犯错也需要成功。因为人是活的，生命是流动与变化着的。

李子勋经典书系
——集体亮相——

亲子家教

不想让孩子在未来被 AI 取代就读这套书

心灵成长

回归自身的体验，活出自在的样子

ISBN 978-7-5169-2488-4
定价：65.00 元

ISBN 978-7-5169-2489-1
定价：69.00 元

ISBN 978-7-5169-2494-5
定价：69.00 元

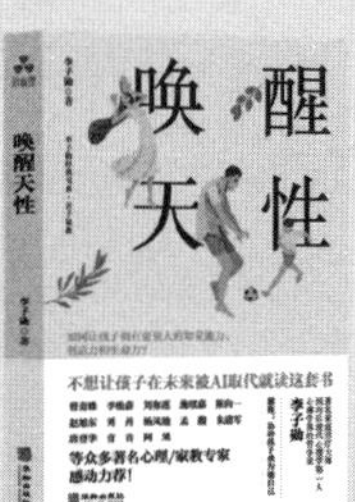

ISBN 978-7-5169-2490-7
定价：65.00 元

ISBN 978-7-5169-2487-7
定价：69.00 元

ISBN 978-7-5169-2491-4
定价：69.00 元